Uctievanie v Duchu a pravde

Duchovné uctievanie

Dr. Jaerock Lee

*„Ale prichádza hodina — a už je tu —,
keď praví ctitelia budú sa klaňať
Otcovi v Duchu a pravde.
Veď aj Otec hľadá takýchto ctiteľov.
Boh je Duch a tí, čo sa mu klaňajú,
musia sa klaňať v Duchu a pravde."
(Jn 4, 23 – 24)*

Uctievanie v Duchu a pravde by Dr. Jaerock Lee
Vydavateľstvo Urim Books (Prezident: Johnny. H. Kim)
235-3, Guro-dong 3, Guro-gu, Seoul, Korea
www.urimbooks.com

Všetky práva vyhradené. Táto kniha alebo jej časti nesmú byť reprodukované v žiadnej podobe, uložené vo vyhľadávacom systéme alebo prenášané v akejkoľvek forme alebo akýmikoľvek prostriedkami, elektronicky, mechanicky, fotokópiami, záznamom alebo inak bez predchádzajúceho písomného súhlasu vydavateľa.

Ak nie je uvedené inak, všetky citácie Svätého Písma sú prevzaté z Biblie, NEW AMERICAN STANDARD BIBLE, ®, Copyright © 1960, 1962, 1963, 1968, 1971, 1972, 1973, 1975, 1977, 1995 by The Lockman Foundation. Použité so súhlasom.

Copyright © 2012 by Dr. Jaerock Lee
ISBN: 979-11-263-1276-4 03230
Translation Copyright © 2012 by Dr. Esther K. Chung. Použité so súhlasom.

Prvé vydanie v novembri 2012

V kórejskom jazyku vydané v roku 1992 vydavateľstvom Urim Books v Soule v Kórei

Editoval Dr. Geumsun Vin
Navrhol Editorial Bureau of Urim Books
Preložila © Ing. Lenka Tichá
Pre viac informácií kontaktujte urimbook@hotmail.com

Predslov

Akáciové stromy sú v izraelskej divočine bežným javom. Korene týchto stromov dosahujú pod povrchom zeme stovky metrov a hľadajú podzemnú vodu pre zachovania života. Na prvý pohľad sú akáciové stromy dobré len ako palivové drevo, ale ich drevo je pevnejšie a ich životnosť vyššia ako akýchkoľvek iných stromov.

Boh prikázal vybudovať archu svedectva (archu zmluvy) z akáciového dreva, pokryť ho zlatom a umiestniť do veľsvätyne. Veľsvätyňa je posvätné miesto, v ktorom prebýva Boh, a do ktorého môže vstúpiť iba veľkňaz. Z rovnakého dôvodu, človek, ktorý má zapustené korene v Božom slove, ktoré je život, bude nielen použitý Bohom ako vzácny nástroj, ale tiež sa bude v jeho živote tešiť z pretekajúceho požehnania.

To hovorí aj Jer 17, 8: „Bude ako strom zasadený pri vode, svoje korene zapustí pri potoku, nebude sa báť, že príde horúčava, jeho lístie zostane zelené. V suchom roku bude bez obáv a neprestane rodiť ovocie." Tu sa „voda" duchovne vzťahuje na Božie slovo a človek, ktorý dostal také požehnanie, bude považovať služby uctievania, pri ktorých je hlásané Božie slovo, za veľmi vzácne. Uctievanie je obrad, pri ktorom je božstvu prejavený obdiv a úcta. Stručne povedané, kresťanské uctievanie je obrad, pri ktorom vzdávame vďaky Bohu a oslavujeme ho našou úctou, chválou a slávou. V starozákonnej dobe, a aj dnes, Boh hľadal a naďalej hľadá takých, ktorí ho uctievajú v duchu a pravde.

V knihe Levitikus v Starom zákone je do najmenších detailov opísané uctievanie. Niektorí ľudia tvrdia, že keďže je kniha Levitikus o zákonoch obetovania Bohu starozákonným spôsobom, je pre nás v dnešnej dobe nepodstatná. To však nie je pravda, a to kvôli významu starozákonných pravidiel o uctievaní, ktoré sú zakotvené v spôsoboch dnešného uctievania. Rovnako ako tomu bolo v priebehu starozákonnej doby, uctievanie v novozákonnej dobe je cestou, na ktorej stretávame Boha. Iba vtedy, keď budeme nasledovať duchovný význam starozákonných pravidiel o obetovaní, ktoré bolo bezúhonné, môžeme v novozákonnej dobe uctievať Boha v duchu a pravde.

Toto dielo sa ponára do učenia o rôznych druhoch obiet a ich význam individuálnym skúmaním spaľovaných obiet, pokrmových obiet, pokojných obiet, obiet za hriech a obiet za previnenie, ktoré sa vzťahujú aj na nás, ktorí žijeme v novozákonnej dobe. Podrobne nám vysvetľuje, ako máme slúžiť Bohu. S cieľom uľahčiť čitateľovi pochopenie zákonov o obetovaní, toto dielo obsahuje farebné ilustrácie panoramatického vzhľadu svätostánku, vnútra svätyne a veľsvätyne a najrôznejších nástrojov spojených s uctievaním.

Boh nám hovorí: „Buďte svätí, lebo ja som svätý" (Lev 11, 45; 1 Pt 1, 16) a túži, aby každý z nás plne chápal zákony o obetovaní zaznamenané v knihe Levitikus a viedol duchovný život. Dúfam, že pochopíte každý aspekt obetovania v starozákonnej dobe a uctievania v novozákonnej dobe. Tiež dúfam, že preskúmate spôsob, akým uctievate a začnete uctievať Boha spôsobom, ktorý ho potešuje.

V mene nášho Pána Ježiša Krista sa modlím, aby bol každý čitateľ tohto diela rovnako ako Šalamún, ktorý sa zapáčil Bohu jeho tisícimi spaľovanými obetami, použitý Bohom ako vzácny nástroj, a ako strom zasadený pri vode mohol si vychutnať pretekajúce požehnanie vydávaním Bohu vône lásky a vďačnosti tým, že ho bude uctievať v duchu a pravde!

Február 2010
Dr. Jaerock Lee

Obsah

Uctievanie v Duchu a pravde

Predslov

Kapitola 1
Duchovné uctievanie, ktoré Boh prijíma   1

Kapitola 2
Starozákonné obety zaznamenané v knihe Levitikus   17

Kapitola 3
Spaľovaná obeta   43

Kapitola 4
Pokrmová obeta   67

Kapitola 5
Pokojná obeta   83

Kapitola 6
Obeta za hriech   95

Kapitola 7
Obeta za previnenie   111

Kapitola 8
Prinášajte svoje telo ako živú a svätú obetu   123

Kapitola 1

Duchovné uctievanie, ktoré Boh prijíma

„Boh je Duch a tí, čo sa mu klaňajú, musia sa klaňať
v Duchu a pravde."

Jn 4, 24

1. Obety v starozákonnej dobe a uctievanie v novozákonnej dobe

Pôvodne bol Adam ako prvý stvorený človek tvorom, ktorý mohol mať priame a dôverné spoločenstvo s Bohom. Potom, čo bol pokúšaný satanom a spáchal hriech, Adamove dôverné spoločenstvo s Bohom už nebolo možné. Pre Adama a jeho potomkov Boh pripravil cestu odpustenia a spásy a otvoril cestu, vďaka ktorej by mohli obnoviť komunikáciu s Bohom. Táto cesta sa nachádza v spôsoboch obetovania v starozákonnej dobe, ktoré Boh milostivo poskytol.

Obetovanie v starozákonnej dobe nebolo navrhnuté človekom. Ľudia boli o tom poučení samotným Bohom. Dozvedáme sa o tom z Lev 1, 1 a ďalších veršov: „Pán oslovil Mojžiša zo stanu stretávania a povedal mu..." Môžeme to tiež predpokladať z obiet, ktoré priniesli Bohu Ábel a Kain, Adamovi synovia (Gn 4, 2 - 4).

Tieto obety, v závislosti na dôležitosti každej z nich, dodržiavajú osobitné pravidlá. Sú rozdelené na spaľované obety, pokrmové obety, pokojné obety, obety za hriech a obety za previnenie, a v závislosti od závažnosti hriechu a okolnosti, v ktorých sa ľudia prinášajúci tieto obety nachádzajú, môžu byť ponúknuté býky, baránky, kozy, holubice a múka. Kňazi, ktorí celebrovali prinášanie obiet, museli v ich životoch dodržiavať sebaovládanie, byť opatrní v ich správaní, obliekať sa do efódu, ktorý mohli nosiť len oni, a prinášať obety pripravené s najvyššou starostlivosťou podľa stanovených pravidiel. Tieto obety boli vonkajšími formalitami, ktoré boli zložité a prísne.

V starozákonnej dobe mohol byť človek, ktorý zhrešil, vykúpený len prinesením obety za hriech tým, že zabil zviera a jeho krvou bol hriech odčinený. Avšak, rovnaká krv zvierat prinášaná rok čo rok nemohla úplne zbaviť ľud od jeho hriechov; tieto obety boli dočasným očisťovaním, a teda neboli dokonalé. Dôvodom je to, že úplné vykúpenie človeka od hriechu je možné iba životom človeka.

1 Kor 15, 21 nám hovorí: „Lebo ako skrze človeka prišla smrť, tak prišlo skrze človeka aj zmŕtvychvstanie." Z tohto dôvodu prišiel na svet v ľudskom tele Ježiš, Syn Boží, a hoci bol bezhriešny, prelial jeho krv na kríži a na ňom aj zomrel. Keďže sa Ježiš už raz stal obetou (Hebr 9, 28), už nie je potrebná obeta krvi, ktorá si vyžaduje zložité a prísne pravidlá.

Ako čítame v Hebr 9, 11 - 12: „Keď však prišiel Kristus, veľkňaz budúceho dobra, cez väčší a dokonalejší stan, zhotovený nie rukou, čiže nie z tohto stvoreného sveta, raz navždy vošiel do svätyne, no nie s krvou capov a teliat, ale so svojou vlastnou krvou, a tak získal večné vykúpenie," Ježiš dosiahol večné vykúpenie.

Vďaka Ježišovi Kristovi už neponúkame Bohu obetu krvi, ale teraz môžeme pred neho predstúpiť a ponúknuť mu živú a svätú obetu. Toto je uctievanie v novozákonnej dobe. Keďže Ježiš priniesol jedinú obetu za hriechy od začiatku vekov tým, že bol pribitý na kríž a prelial jeho krv (Hebr 10, 11 - 12), keď veríme z hĺbky z nášho srdca, že sme boli vykúpení z hriechov a prijmeme Ježiša Krista, môžeme získať odpustenie našich hriechov. Nie je to obrad s dôrazom na skutok, ale preukázanie viery, ktorá vychádza z nášho srdca. Je to živá a svätá obeta a pravá duchovná služba uctievania (Rim 12, 1).

To ale neznamená, že obety starozákonnej doby sú zrušené. Ak je Starý zákon tieňom, potom Nový zákon je toho obrazom. Rovnako ako je to so zákonom, zákony o obetovaní v Starom zákone sú zdokonalené v Novom zákone prostredníctvom Ježiša. V dobách Nového zákona boli zmenené iba formality spôsobov služby uctievania. Rovnako ako mal Boh v úcte bezúhonné a čisté obety v starozákonnej dobe, je potešený našimi službami uctievania, ktoré ponúkame v duchu a pravde v novozákonnej dobe. Prísne spôsoby a postupy zdôrazňovali nielen vonkajšie obrady, ale tiež mali veľmi hlboký duchovný význam. Slúžia ako ukazovateľ, ktorým môžeme preskúmať náš postoj k uctievaniu.

Ako prvé, po nahradení škody alebo prevzatí zodpovednosti prostredníctvom skutku za previnenia voči blízkym, bratom alebo Bohu (obeta za previnenie), veriaci musia nazrieť do života, ktorý viedli v priebehu predchádzajúceho týždňa, vyznať hriechy a prosiť o odpustenie (obeta za hriech), a potom uctievať s čistým srdcom a najväčšou úprimnosťou (spaľovaná obeta). Keď potešujeme Boha prinášaním obiet, ktoré sme pripravili s najvyššou starostlivosťou z vďačnosti za jeho milosť, ktorá nás ochránila v priebehu predchádzajúceho týždňa (pokrmová obeta) a vyslovením pred ním túžob nášho srdca (pokojná obeta), On splní túžby nášho srdca a dá nám silu a moc prekonať svet. A teda, v službách uctievania v novozákonnej dobe je zahrnutých mnoho významov zákonov o starozákonnom obetovaní. Zákony o obetovaní starozákonnej doby budú preskúmané podrobnejšie v kapitole 3 a ďalej.

2. Uctievanie v Duchu a pravde

V Jn 4, 23 - 24 nám Ježiš hovorí: „Ale prichádza hodina — a už je tu —, keď praví ctitelia budú sa klaňať Otcovi v Duchu a pravde. Veď aj Otec hľadá takýchto ctiteľov. Boh je Duch a tí, čo sa mu klaňajú, musia sa klaňať v Duchu a pravde." Toto povedal Ježiš žene, ktorú stretol pri studni v samaritánskom meste Sychar. Žena sa opýtala Ježiša, ktorý sa s ňou začal rozprávať požiadaním o vodu, na miesto uctievania, tému, ktorá bola už dlho predmetom zvedavosti (Jn 4, 19 - 20).

Kým Židia prinášali obety v Jeruzaleme, kde sa nachádzal chrám, Samaritáni prinášali obety na vrchu Gerizím. To bolo v dôsledku toho, že keď bol Izrael za vlády Rechabeáma, Šalamúnovho syna, rozdelený na dve polovice, Izrael na severe postavil miesto uctievania, aby tak zastavil ľudí v ceste do chrámu v Jeruzaleme. Keďže žena o tom vedela, chcela poznať správne miesto uctievania.

Miesto uctievania má pre ľud Izraela značný význam. Keďže Boh bol prítomný v chráme, vyvýšili ho a verili, že je centrom vesmíru. Avšak, pretože druh srdca, s ktorým človek uctieva Boha, je dôležitejší ako miesto alebo lokalita uctievania, keď Ježiš prišiel ako Mesiáš, oznámil, že aj chápanie uctievania muselo byť obnovené.

Čo znamená „uctievať v duchu a pravde"? „Uctievať v duchu" znamená vnuknutím a v plnosti Ducha Svätého urobiť si Božie slovo, ktoré sa nachádza v 66 knihách Biblie, chlebom a uctievať ho z hĺbky nášho srdca Duchom Svätým, ktorý v nás prebýva. „Uctievať v pravde" znamená, spolu so správnym pochopením Boha, uctievanie Boha celým naším telom, srdcom, vôľou a úprimnosťou tým, že mu vzdáme radosť, vďačnosť, modlitby, chvály, skutky a obety.

To, či Boh príjme naše uctievanie, alebo nie, nezávisí na našom vonkajšom vzhľade alebo veľkosti našich obiet, ale na stupni starostlivosti, s akou sme mu ich za našich individuálnych okolností priniesli. Boh ochotne príjme a odpovie na túžby srdca tých, ktorí ho uctievajú z hĺbky srdca a dobrovoľne mu prinášajú dary. Avšak, On neprijíma uctievanie od bezočivých ľudí, ktorých srdcia sú bezmyšlienkovité a starajú sa len o to, čo si o nich myslia ostatní.

3. Ponúknutie uctievania, ktoré Boh prijíma

My, ktorí žijeme v novozákonnej dobe, kedy bol celý zákon splnený skrze Ježiša Krista, musíme uctievať Boha najdokonalejším spôsobom. Je to preto, že láska je najväčším prikázaním, ktoré nám bolo dané Ježišom Kristom, ktorý splnil zákon s láskou. Uctievanie je teda vyjadrením našej lásky k Bohu. Niektorí ľudia perami vyznávajú lásku k Bohu, ale podľa spôsobu, akým ho uctievajú, častokrát sa zdá byť sporné, či skutočne milujú Boha z hĺbky ich srdca, alebo nie.

Ak by sme sa mali stretnúť s niekým, kto je na vyššej pozícii alebo starší ako my, upravili by sme si oblečenie, postoj a srdce. Ak by sme mu mali dať dar, s najvyššou starostlivosťou by sme pripravili dokonalý dar. Boh je stvoriteľom všetkého vo vesmíre a od jeho stvorení je hoden slávy a chvály. Ak máme Boha uctievať v duchu a pravde, nikdy pred ním nemôžeme byť bezočiví. Musíme sa pozrieť do seba a zistiť, či sme boli bezočiví a uistiť sa, že sa na službe uctievania podieľame celým naším telom, srdcom, vôľou a starostlivosťou.

1) Na bohoslužby nemôžeme meškať.

Vzhľadom k tomu, že uctievanie je obrad, pri ktorom si uvedomujeme duchovnú autoritu neviditeľného Boha, z hĺbky srdca ho uznáme až po tom, čo začneme dodržiavať pravidlá a prikázania, ktoré On ustanovil. Preto je bezočivé na bohoslužbu z akéhokoľvek dôvodu meškať.

Vzhľadom k tomu, že doba trvania bohoslužby je čas, ktorý sme sľúbili, že dáme Bohu, musíme prísť pred začiatkom bohoslužby, modliť sa a pripraviť si srdce na službu. Ak by sme sa mali stretnúť s kráľom, prezidentom alebo predsedom vlády, nepochybne by sme prišli skôr a čakali s pripraveným srdcom. Ako teda môžeme meškať alebo sa náhliť na stretnutie s Bohom, ktorý je neporovnateľne väčší a majestátnejší?

2) Posolstvu musíme venovať celú pozornosť.

Pastier (pastor) je služobník, ktorý bol pomazaný Bohom; je ekvivalentom kňaza v starozákonnej dobe. Pastier, ktorý bol ustanovený na hlásanie Slova z posvätného oltára, je sprievodcom, ktorý vedie stáda oviec do neba. Preto Boh považuje skutok bezočivosti alebo neposlušnosti voči pastierovi za skutok bezočivosti alebo neposlušnosti voči samotnému Bohu.

V Ex 16, 8 nachádzame, že keď Izraeliti reptali proti Mojžišovi a postavili sa proti nemu, urobili tak v skutočnosti voči samému Bohu. Keď v 1 Sam 8, 4 – 9 ľudia neposlúchli proroka Samuela, Boh to považoval za skutok neposlušnosti voči nemu. Preto, keď sa rozprávate s človekom sediacim vedľa vás, alebo ak je vaša myseľ plná rušivých myšlienok, keď pastier v Božom mene hlása posolstvo, ste voči Bohu bezočiví.

Driemať alebo spať v priebehu bohoslužby je tiež skutkom bezočivosti. Dokážete si predstaviť, aké by bolo neslušné, keby sekretárka alebo minister počas stretnutia s prezidentom zaspali? Z rovnakého dôvodu, driemať alebo spať vo svätyni, ktorá je telom nášho Pána, je skutkom bezočivosti voči Bohu, pastierovi a bratom a sestrám vo viere.

Je tiež neprijateľné klaňať sa so zlomeným duchom. Boh nepríjme uctievanie, ktoré mu je ponúkané bez vďačnosti a radosti, ale so smútkom. Preto sa musíme na službe uctievania podieľať s očakávaním posolstva vyplývajúceho z nádeje na nebo a so srdcom vďačným za milosť spásy a lásky. Je bezočivé rušiť človeka alebo rozprávať sa s človekom, ktorý sa modlí k Bohu. Rovnako ako vy nesmiete prerušiť rozhovor medzi vaším kolegom a vaším nadriadeným, je bezočivé prerušiť rozhovor človeka s Bohom.

3) Pred bohoslužbou by sme nemali požívať alkohol a fajčiť. Boh nepovažuje za hriech neschopnosť nových veriacich prestať fajčiť a piť v dôsledku ich slabej viery. Avšak, ak človek, ktorý bol pokrstený a má v cirkvi určitú úlohu, pokračuje v pití a fajčení, je to skutok bezočivosti voči Bohu.

Dokonca aj neveriaci vedia, že je nesprávne a zlé chodiť do kostola pod vplyvom alkoholu alebo tesne po fajčení. Keď si človek uvedomí množstvo problémov a hriechov, ktoré vyplývajú z pitia a fajčenia, bude schopný rozoznať v pravde, ako by sa mal ako Božie dieťa správať.

Fajčenie spôsobuje rôzne druhy rakoviny, a je teda škodlivé pre telo, zatiaľ čo pitie môže viesť k otrave a môže byť zdrojom nevhodného správania a slov. Ako môže veriaci, ktorí fajčí alebo pije, slúžiť ako príklad Božieho dieťaťa, a ktorého správanie ho dokonca môže spochybniť? Preto, ak máte pravú vieru, musíte rýchlo odvrhnúť takéto predošlé spôsoby. Dokonca, aj keď ste začiatočníkom vo viere, vynaloženie všetkého úsilia na odhodenie predošlého spôsobu života znamená byť spravodlivým v Božích očiach.

4) Nesmieme odvraciať pozornosť alebo pošvrniť atmosféru služby uctievania.

Svätyňa je posvätné miesto určené na uctievanie, modlitbu a chválenie Boha. Ak rodičia dovolia deťom plakať, robiť hluk alebo pobehovať, dieťa zabráni ostatným členov cirkvi uctievať s celým srdcom. Aj toto je skutok bezočivosti voči Bohu.

Je tiež neúctivé vo svätyni sa rozrušiť alebo nahnevať, alebo rozprávať o vlastnej firme, či svetskej zábave. Žutie žuvačky, hlasné rozprávanie sa s ľuďmi vedľa vás alebo vstať a odísť zo svätyne uprostred služby tiež poukazuje na nedostatok úcty. Nosenie klobúkov, tričiek, teplákových búnd alebo žabiek a papučí na služby uctievania je tiež ďaleko od slušného správania. Vonkajší vzhľad nie je dôležitý, ale vnútorný postoj človeka a srdce sa často odráža vo vonkajšom vzhľade človeka. Starostlivosť, s akou sa človek pripravuje na službu, je vyjadrená v oblečení a vonkajšom vzhľade.

Mať správne chápanie Boha a toho, po čom túži, nám umožňuje mu ponúknuť duchovnú službu uctievania, ktorú Boh príjme. Keď slúžime Bohu spôsobom, ktorý ho potešuje - keď ho uctievame v duchu a pravde - dá nám moc pochopenia, aby sme si mohli chápanie vryť do hĺbky nášho srdca, prinášať hojné ovocie a tešiť sa z úžasnej milosti a požehnaní, ktorými nás obdarí.

4. Život uctievania v Duchu a pravde

Keď uctievame Boha v duchu a pravde, naše životy sú obnovené. Boh chce, aby bol život každého človeka v plnom rozsahu poznačený uctievaním v duchu a pravde. Ako sa máme správať, aby sme mohli ponúknuť Bohu duchovnú službu uctievania, ktorú rád príjme?

1) Musíme sa neustále radovať.

Pravá radosť pramení nielen z dôvodov na radosť, ale aj vtedy, keď čelíme bolestivým a ťažkým záležitostiam. Ježiš Kristus, ktorého sme prijali za svojho Spasiteľa, je sám dôvodom toho, prečo sa máme neustále radovať, pretože On vzal na seba všetky naše prekliatia. Keď sme kráčali cestou smrti, On nás vykúpil z hriechu preliatím jeho krvi. On vzal na seba našu chudobu a choroby a uvoľnil putá zloby sĺz, bolesti, žiaľu a smrti. Tiež zničil moc smrti a vstal z mŕtvych, čím nám dal nádej na vzkriesenie a dal nám pravý život a krásne nebo.

Ak vierou prijímame Ježiša Krista ako náš zdroj radosti, potom nám neostáva nič iné, ako sa radovať. Vzhľadom k tomu, že budeme mať krásnu nádej na posmrtný život a dostaneme večné šťastie, aj keď nemáme žiadne jedlo a máme v rodine problémy, a to aj v prípade, keď sme obklopení utrpením a prenasledovaním, realita pre nás nebude podstatná. Keď sa naše láskou naplnené srdcia k Bohu nezakolíšu a naša nádej na nebo nie je otrasená, naša radosť sa nikdy nepominie. A tak, keď je naše srdce naplnené Božou milosťou a nádejou na nebo, radosť vytryskne v každom okamihu, a potom sa o to rýchlejšie problémy premenia na požehnanie.

2) Musíme sa bez prestania modliť.

Výraz „bez prestania sa modliť" má tri významy. Po prvé, je to modliť sa pravidelne. Dokonca aj Ježiš počas celej jeho služby vyhľadával pokojné miesta, kde by sa mohol modliť v súlade s „jeho zvykom". Daniel sa pravidelne trikrát denne modlil a Peter a ostatní učeníci si tiež vymedzili čas na modlitbu. Musíme sa modliť pravidelne aj preto, aby sme dosiahli dostatočné množstvo modlitby a zabezpečili tak, že olej Ducha Svätého sa nikdy neminie. Až potom môžeme pochopiť Božie slovo počas služieb uctievania a získať silu žiť podľa Slova.

Ďalej, „bez prestania sa modliť" znamená modliť sa v časoch, ktoré nie sú určené zvykom alebo vopred stanovené. Sú chvíle, kedy nás Duch Svätý núti, aby sme sa modlili aj mimo dobu, kedy sa zvyčajne modlíme. Často počujeme svedectvá ľudí, ktorí sa vyhli ťažkostiam alebo boli ochránení a ustrážení od nehôd, keď v takýchto chvíľach poslúchli v modlitbe.

A nakoniec, „bez prestania sa modliť" znamená rozjímať nad Božím slovom dňom a nocou. Bez ohľadu na to, kde, s kým, alebo čo človek robí, pravda v jeho srdci musí byť živá a musí aktívne konať svoju prácu.

Modlitba je pre nášho ducha ako dýchanie. Rovnako ako telo umiera, keď telo prestane dýchať, prestať modliť sa vedie k oslabeniu a konečnej smrti ducha. Dá sa povedať, že človek sa „bez prestania modlí", keď nielen volá v modlitbe v stanovených časoch, ale aj keď rozjíma nad Slovom dňom i nocou a podľa neho žije. Keď v jeho srdci začne prebývať Božie slovo a on vedie jeho život v spoločenstve s Duchom Svätým, bude sa mu dariť v každom aspekte jeho života a bude jasne a dôverne vedený Duchom Svätým.

Rovnako ako nám hovorí Biblia, aby sme „najprv hľadali jeho kráľovstvo a jeho spravodlivosť," keď sa modlíme za Božie kráľovstvo - jeho prozreteľnosť a spásu duší - namiesto za seba, Boh nás požehná ešte hojnejšie. Napriek tomu, existujú ľudia, ktorí sa modlia, keď čelia ťažkostiam alebo cítia, že im niečo chýba, ale prestávajú sa modliť, keď sú spokojní. A sú tu takí, ktorí sa usilovne modlia, keď sú naplnení Duchom Svätým, ale prestávajú sa modliť, keď túto plnosť stratia.

Avšak, musíme si vždy dávať do poriadku naše srdcia a vznášať k Bohu vôňu modlitby, ktorá ho potešuje. Môžete si predstaviť, aké mučivé a ťažké je vytlačiť zo seba slová proti vlastnej vôli a snažiť sa len vyplniť čas modlitby, a zároveň sa snažiť zahnať ospalosť a rušivé myšlienky. A tak, ak si veriaci myslí, že má určitý stupeň viery, ale aj napriek tomu má takéto problémy a rozhovor s Bohom považuje za náročný, nemal by byť v rozpakoch pri vyznávaní jeho „lásky" k Bohu? Ak máte pocit, že „vaša modlitba je duchovne nudná a stagnuje," preskúmajte samých seba, aby ste videli, akí ste radostní a vďační.

Je isté, že ak je srdce človeka vždy naplnené radosťou a vďačnosťou, jeho modlitba bude v plnosti Ducha Svätého a nebude stagnovať, ale prenikne do väčšej hĺbky. Človek nebude mať pocit, že je neschopný modliť sa. Namiesto toho, čím ťažšie to bude, tým väčší bude jeho smäd po Božej milosti, ktorý ho donúti volať k Bohu ešte horlivejšie a jeho viera krôčik po krôčiku vzrastie.

Keď bez prestania voláme v modlitbe z hĺbky našich sŕdc, budeme prinášať hojné ovocie modlitby. Napriek akýmkoľvek skúškam, ktoré nám môžu skrížiť cestu, budeme dodržiavať čas na modlitbu. A do tej miery, v ktorej v modlitbe voláme, bude duchovná hĺbka viery a lásky rásť a budeme sa deliť o milosť aj s ostatnými. Preto je nevyhnutné, aby sme sa bez prestania modlili v radosti a vďačnosti, aby sme tak dostávali odpovede od Boha v podobe krásneho duchovného a telesného ovocia.

3) Za všetko musíme ďakovať.

Z akých dôvodov by ste mali byť vďační? Predovšetkým je to skutočnosť, že my, ktorí sme boli odsúdení na smrť, sme spasení a môžeme vstúpiť do neba. Skutočnosť, že sme dostali všetko, vrátane nášho každodenného chleba a dobrého zdravia, sú dostatočné dôvody na vzdávanie vďaky. Navyše, môžeme byť vďační aj napriek prípadnému utrpeniu a skúškam, pretože veríme vo všemohúceho Boha.

Boh pozná každú z našich situácií a okolnosti, v ktorých sa nachádzame, a počuje všetky naše modlitby. Keď až do konca veríme v Boha uprostred akýchkoľvek skúšok, On nás povedie tak, aby sme práve prostredníctvom týchto skúšok ešte vzrástli.

Keď trpíme v Pánovom mene alebo čelíme skúškam v dôsledku vlastných chýb a nedostatkov, ak skutočne veríme Bohu, potom zistíme, že jediné, čo môžeme urobiť, je vzdávať vďaky. Keď nám niečo chýba alebo v niečom zaostávame, budeme o to vďačnejší za Božiu moc, ktorá posilňuje a zdokonaľuje slabých. Aj keď realita, ktorej čelíme, stáva sa čoraz nezvládnutejšia a ťažšia, vďaka viere v Boha budeme schopní vzdávať vďaky. Keď až do konca vo viere vzdávame vďaky, nakoniec bude všetko pracovať spoločne pre dobro všetkého a zmení sa to na požehnanie.

Vždy sa radovať, bez prestania sa modliť a za všetko ďakovať sú meradlom, ktorým meriame množstvo ovocia, ktoré sme priniesli v duchu a v tele prostredníctvom našich životov vo viere. Čím viac sa človek snaží radovať bez ohľadu na situáciu, siať semená radosti a vzdávať vďaky z hĺbky srdca, keď hľadá dôvody, prečo byť vďačný, tým viac ovocia radosti a vďačnosti bude prinášať. Je to rovnaké s modlitbou; čím viac úsilia vynaložíme v modlitbe, tým väčšiu silu a odpovede zožneme ako ovocie.

Preto dúfam, že budete prinášať veľké a hojné ovocie v duchu a v tele každodenným ponúkaním Bohu duchovnej služby uctievania, po ktorej túži, a ktorá ho potešuje, skrze život, v ktorom sa vždy radujete, bez prestania sa modlíte a vzdávate vďaky (1 Tes 5, 16 - 18).

Kapitola 2

Starozákonné obety zaznamenané v knihe Levitikus

„Pán oslovil Mojžiša zo stanu stretávania a povedal mu: „Prehovor k Izraelitom a povedz im: „Keď niekto z vás chce priniesť Pánovi obetný dar, prinesiete svoj obetný dar zo zvierat, z hovädzieho dobytka alebo z drobného stáda.""""

Lev 1, 1 - 2

1. Význam knihy Levitikus

Často sa hovorí, že kniha Zjavenia v Novom zákone a kniha Levitikus v Starom zákone sú na pochopenie najťažšími časťami Biblie. Z tohto dôvodu niektorí ľudia pri čítaní Biblie tieto časti vynechávajú, zatiaľ čo iní si myslia, že zákony o obetovaní v starozákonných časoch nie sú pre nás v dnešnej dobe podstatné. Avšak, ak tieto časti nie sú pre nás podstatné, nie je žiadny dôvod, prečo by Boh nechal tie knihy zaznamenať v Biblii. Keďže každé slovo v Novom zákone aj v Starom zákone je potrebné pre náš život v Kristovi, Boh dovolil, aby boli v Biblii zaznamenané (Mt 5, 17 - 19).

Zákony o obetovaní v starozákonných časoch nie sú v novozákonnej dobe vymazané. Ako je to s celým zákonom, aj zákony o obetovaní v starozákonnej dobe boli v novozákonnej dobe splnené Ježišom. Dôsledky významov zákonov týkajúcich sa obetovania v Starom zákone sú zakotvené v každom kroku moderného uctievania v Božej svätyni a obetovanie v starozákonných časoch bolo rovnaké ako priebeh služieb uctievania dnes. Akonáhle presne pochopíme zákony o obetovaní v Starom zákone a ich význam, nájdeme skratku k požehnaniu, kde stretneme Boha a zažijeme ho správnym pochopením toho, ako ho uctievať a slúžiť mu.

Kniha Levitikus je súčasťou Božieho slova, ktoré sa aj dnes

vzťahuje na všetkých, ktorí v neho veria. Je to preto, ako nájdeme v 1 Pt 2, 5: „Aj vy sa dajte zabudovať ako živé kamene do duchovného domu, aby ste sa stali svätým kňazstvom, ktoré bude prinášať duchovné obety, príjemné Bohu skrze Ježiša Krista," každý, kto získal spásu skrze Ježiša Krista, môže pred Boha predstúpiť, rovnako ako kňazi v starozákonnej dobe.

Kniha Levitikus je rozdelená do značnej miery na dve časti. Prvá časť je zameraná predovšetkým na to, ako sú naše hriechy odpustené. V podstate sa skladá zo zákonov týkajúcich sa obetovania za odpustenie hriechov. Popisuje tiež kvalifikácie a povinnosti kňazov, ktorí mali na starosti obety medzi Bohom a ľuďmi. Druhá časť veľmi podrobne zaznamenáva hriechy, ktoré Bohom vyvolený, jeho svätý, ľud, nesmie nikdy spáchať. Stručne povedané, každý veriaci sa musí naučiť Božiu vôľu zaznamenanú v knihe Levitikus, ktorá zdôrazňuje, ako si máme udržať svätý vzťah s Bohom.

Zákony o obetovaní v knihe Levitikus vysvetľujú metodiku toho, ako máme uctievať. Rovnako, ako sa stretávame s Bohom a získavame jeho odpovede a požehnanie prostredníctvom služieb uctievania, ľudia v starozákonnej dobe získali odpustenie hriechov a zažili Božie dielo skrze obetovanie. Ale po príchode Ježiša Krista začal v nás prebývať Duch Svätý a dostávame povolenie mať spoločenstvo s Bohom, keď ho uprostred diel Ducha Svätého uctievame v duchu a pravde.

Hebr 10, 1 nám hovorí: „Zákon je len tieňom budúcich darov, a nie vlastným obrazom vecí, preto nikdy nemôže týmiistými obetami, prinášanými ustavične každý rok, urobiť dokonalými tých, čo prichádzajú." Pokiaľ existuje obraz, potom existuje aj tieň tohto obrazu. Dnes je „obrazom" skutočnosť, že môžeme uctievať skrze Ježiša Krista a v starozákonnej dobe ľudia zachovávali ich vzťah s Bohom skrze obety, ktoré boli tieňom.

Obety Bohu musia byť v súlade s pravidlami, po ktorých Boh túži; Boh neprijíma uctievanie ponúkané človekom, ktorý ho prináša vlastným spôsobom. V Gn 4 vidíme, že Boh prijal Ábelovu obetu, ktorý nasledoval Božiu vôľu, ale neprijal Kainovu obetu, ktorý vymyslel vlastný spôsob prinesenia obety.

Z rovnakého dôvodu je tu uctievanie, ktoré Boha potešuje a uctievanie, ktoré je ďaleko od jeho pravidiel, a tak sa stáva pre Boha nepodstatným. V zákonoch o obetovaní v knihe Levitikus nájdeme praktické informácie o druhu uctievania, prostredníctvom ktorého môžeme získať Božie odpovede a požehnanie, a ktorým je potešený.

2. Boh oslovil Mojžiša zo stanu stretávania

Lev 1, 1 hovorí: „Pán oslovil Mojžiša zo stanu stretávania a povedal mu..." Stan stretávania je mobilnou svätyňou, ktorá uľahčila rýchle presúvanie ľudu Izraela žijúceho na púšti, a je to miesto, kde Boh oslovil Mojžiša. Stan stretávania sa vzťahuje na príbytok, ktorý pozostáva zo svätyne a z veľsvätyne (Ex 30,18; 30, 20; 39,32 a 40, 2). Tiež môže súhrne odkazovať na svätostánok, ako aj na stĺpy okolo nádvoria (Nm 4, 31; 8, 24).

Počas exodusu a na ceste do Kanaánskej krajiny Izraeliti strávili dlhý čas v divočine a museli byť neustále v pohybe. Z tohto dôvodu chrám, kde boli prinášané obety Bohu, nemohol byť pevne postavený, ale bol to svätostánok, ktorý sa mohol ľahko presúvať. Z tohto dôvodu je štruktúra tiež nazývaná „chrámom stánku".

V Ex 35 - 39 sú zaznamenané podrobné údaje o konštrukcii svätostánku. Sám Boh dal Mojžišovi podrobnosti o štruktúre svätostánku a o materiáloch, ktoré mali byť na jeho stavbu použité. Keď Mojžiš povedal pospolitosti o materiáloch potrebných na stavbu svätostánku, všetci radi priniesli toľko takých užitočných materiálov, ako je zlato, striebro, bronz; rôzne druhy kameňov; modrú, fialovú a šarlátovú látku a jemné plátno; priniesli koziu srsť, baranie a tachašové kože, že Mojžiš musel ľudu prikázať, aby už nič neprinášali (Ex 36, 5 - 7).

Svätostánok bol takto postavený z darov, ktoré pospolitosť dobrovoľne priniesla. Pre Izraelitov, ktorí boli na ich ceste do Kanaánu po odchode z Egypta, odkiaľ utiekli, náklady na postavenie svätostánku nemohli byť malé. Nemali žiadne domy alebo pozemky. Nemohli si nahromadiť bohatstvo prostredníctvom poľnohospodárčenia. Avšak, v očakávaní

Božieho prisľúbenia, ktorý im povedal, že bude medzi nimi prebývať, keď mu postavia svätostánok, Izraeliti znášali všetky náklady a úsilie s radosťou a potešením. Pre ľud Izraela, ktorý dlho znášal ťažké zotročovanie a námahu, jedna vec, po ktorej boli smädní viac než po čomkoľvek inom, bolo oslobodenie od otroctva. Preto po ich odchode z Egypta im Boh prikázal postaviť svätostánok, aby medzi nimi prebýval. Izraeliti nemali dôvod stavbu svätostánku odkladať, a tak boli s ich radostnou oddanosťou postavené jeho základy.

Hneď pri vstupe do vnútra svätostánku bola „svätyňa" a cez ňu sa vchádzalo do „veľsvätyne". Bola najposvätnejším miestom. Vo veľsvätyni bola umiestnená archa svedectva (archa zmluvy). Skutočnosť, že archa svedectva, ktorá obsahovala Božie slovo, bola umiestnená vo veľsvätyni, slúžila ako pripomienka Božej prítomnosti. Zatiaľ čo je chrám v celom rozsahu posvätným miestom ako Boží dom, veľsvätyňa je zvlášť oddeleným miestom a je považovaná za najsvätejšiu zo všetkých častí. Dokonca aj najvyšší kňaz smel do veľsvätyne vstúpiť len raz za rok, a bolo to pri príležitosti obety za hriech ľudu. Obyčajní ľudia nesmeli do nej vstúpiť. Je to preto, že hriešnici nemôžu nikdy pred Boha predstúpiť.

Ale skrze Ježiša Krista sme všetci získali právo predstúpiť pred Boha. V Mt 27, 50 - 51 nájdeme: „Ale Ježiš znova zvolal mocným hlasom a vypustil ducha. A hľa, chrámová opona sa roztrhla na dvoje odvrchu až naspodok." Keď Ježiš ponúkol sám seba skrze smrť na kríži, aby nás vykúpil z hriechov, roztrhla sa vo dvoje opona, ktorá stála medzi veľsvätyňou a nami.

O tomto Hebr 10, 19 - 20 píše: „Bratia, keď teda máme smelú dôveru vojsť skrze Ježišovu krv do svätyne, po novej a živej ceste, ktorú nám otvoril cez oponu, čiže cez svoje telo." Roztrhnutie opony Ježišovou obetou vlastného tela znamená zbúranie múru hriechu medzi Bohom a nami. A teraz môže každý, kto verí v Ježiša Krista, získať odpustenie hriechov, kráčať vydláždenou cestou a predstúpiť pred svätého Boha. Zatiaľ čo v minulosti mohli pred Boha predstúpiť len kňazi, teraz môžeme mať priame a dôverné spoločenstvo s ním aj my.

3. Duchovný význam stanu stretávania

Aký význam má pre nás stan stretávania dnes? Stan stretávania je kostol, kde dnes veriaci uctievajú Boha, svätyňa je telom veriacich, ktorí prijali Pána a veľsvätyňa je naším srdcom, v ktorom prebýva Duch Svätý. 1 Kor 6, 19 nám pripomína: „A vari neviete, že nepatríte sebe, ale že vaše telo je chrámom Svätého Ducha, ktorý vo vás prebýva a ktorého máte od Boha?" Potom, čo sme prijali Ježiša ako Spasiteľa, dostaneme od Boha dar Ducha Svätého. Vzhľadom k tomu, že v nás začne prebývať Duch Svätý, naše srdcia a telo budú svätým chrámom.

V 1 Kor 3, 16 – 17 tiež nájdeme: „Azda neviete, že ste Božím chrámom a že vo vás prebýva Boží Duch? Ak niekto kazí Boží chrám, toho Boh zničí; lebo Boží chrám je svätý a tým ste vy!" Rovnako ako musíme udržiavať viditeľný Boží chrám čistý a svätý za každých okolností, musíme za každých okolností udržiavať čisté a sväté aj naše telo a srdce ako príbytok Ducha Svätého.

Čítame, že Boh zničí každého, kto ničí Boží chrám. Ak je človek Božím dieťaťom a dostal dar Ducha Svätého, ale pokračuje v ničení samého seba, Duch Svätý bude uhasený a daný človek nebude môcť byť spasený. Iba vtedy, keď budeme udržiavať svätý chrám, v ktorom prebýva Duch Svätý, naším správaním a srdcom, môžeme dosiahnuť úplne spasenie a mať priame a dôverné spoločenstvo s Bohom.

Skutočnosť, že Boh oslovil Mojžiša zo stanu stretávania, znamená, že Duch Svätý k nám volá z nášho vnútra a snaží sa mať s nami spoločenstvo. Je prirodzené, aby Božie deti, ktoré získali spásu, mali spoločenstvo s Bohom Otcom. Musia sa modliť vnuknutím Ducha Svätého a uctievať v duchu a pravde v dôvernom spoločenstve s Bohom.

Ľudia v starozákonnej dobe v dôsledku ich hriechu nemohli mať spoločenstvo so svätým Bohom. Iba veľkňaz mohol vstúpiť do veľsvätyne vnútri svätostánku a v mene ľudu prinášať Bohu obetné dary. V súčasnej dobe môže každé Božie dieťa vstúpiť do svätyne uctievať Boha, modliť sa a mať s Bohom spoločenstvo. Dôvodom je to, že Ježiš Kristus nás vykúpil zo všetkých hriechov. Keď príjmeme Ježiša Krista, v našom srdci začne prebývať Duch Svätý a považuje ho za veľsvätyňu. Navyše, rovnako ako Boh oslovil Mojžiša zo stanu stretávania, Duch Svätý k nám volá z hlbín nášho srdca a chce mať s nami spoločenstvo. Schopnosťou počuť hlas Ducha Svätého a získať jeho vedenie nás Duch Svätý vedie k životu v pravde a chápaniu Boha. Aby sme mohli počuť hlas Ducha Svätého, musíme odhodiť hriech a zlo v našom srdci a stať sa svätými. Keď sa posvätíme, budeme schopní jasne počuť hlas Ducha Svätého a dostaneme hojné požehnanie v duchu aj v tele.

4. Tvar stanu stretávania

Tvar stanu stretávania je veľmi jednoduchý. Človek musí prejsť bránou, ktorej šírka je asi deväť metrov (asi 29,5 stôp) a nachádza sa na východnej strane svätostánku. Pri vstupe na nádvorie svätostánku najskôr narazíte na bronzový oltár spaľovaných obiet. Medzi týmto oltárom a svätyňou je umývadlo alebo obradné umývadlo, za ním je svätyňa, a potom veľsvätyňa, ktorá je dušou stanu stretávania.

Rozmery svätostánku zloženého zo svätyne a veľsvätyne boli štyri a pol metra (asi 14,7 stôp) na šírku, 13,5 m (asi 44,3 stôp) na

Štruktúra stanu stretávania

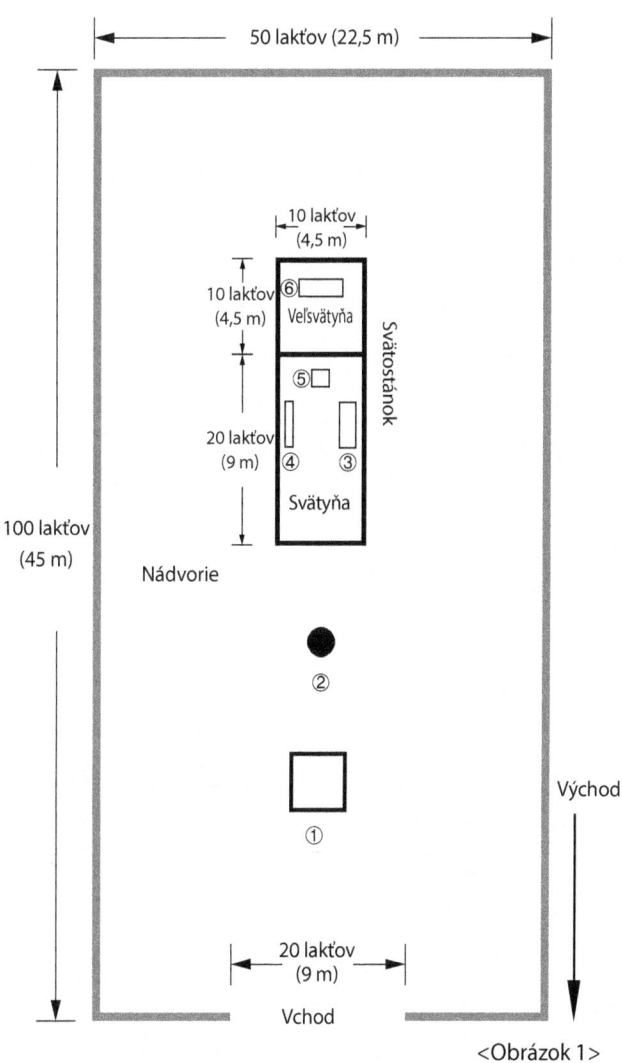

<Obrázok 1>

Rozmery
Nádvorie: 100 x 50 x 5 lakťov
Vchod: 20 x 5 lakťov
Svätostánok: 30 x 10 x 10 lakťov
Svätyňa: 20 x 10 x 10 lakťov
Veľsvätyňa: 10 x 10 x 10 lakťov
(*1 lakeť = circa 17,7 palca)

Zariadenie
1) Oltár na spaľované obety
2) Umývadlo
3) Stôl posvätných chlebov
4) Svietnik z rýdzeho zlata
5) Oltár na pálenie kadidla
6) Archa svedectva (Archa zmluvy)

dĺžku a štyri a pol metra (asi 14,7 stôp) na výšku. Budova stála na základoch zo striebra, jej steny pozostávali zo stĺpov z akáciového dreva pokrytého zlatom a jej strecha bola pokrytá štyrmi vrstvami závesov. Do prvej vrstvy boli vtkaní cherubíni; druhá vrstva bola z kozej srsti; tretia bola vyrobená z baranej kože; a štvrtá bola vyrobená z tachašovej kože.

Svätyňa a veľsvätyňa boli oddelené závesom s vtkanými cherubínmi. Veľkosť svätyne bola dvakrát taká veľká ako veľsvätyne. Vo svätyni bol stôl na chleby (tiež známy ako stôl posvätných chlebov), svietnik a kadidlový oltár. Všetky tieto veci boli vyrobené z rýdzeho zlata. Vo vnútri veľsvätyne bola archa svedectva (archa zmluvy).

Zhrnieme to. Po prvé, vnútro veľsvätyne bolo posvätným miestom, kde sídlil Boh a archa svedectva, na ktorej bol milostivý trón. Raz za rok na deň zmierenia vstúpil do veľsvätyne veľkňaz a v mene ľudu krvou pokropil milostivý trón za očistenie tohto ľudu. Všetko vo veľsvätyni bolo ozdobené rýdzim zlatom. Vo vnútri archy svedectva boli dve kamenné tabule, na ktorých bolo napísaných Desatoro prikázaní, nádoba s mannou a Áronova palica, ktorá vypučala.

Svätyňa bola miestom, kde vstupoval kňaz, aby priniesol obety, a nachádzali sa tam kadidlový oltár, svietnik a stôl posvätných chlebov, pričom všetko to bolo zo zlata.

Obrázok

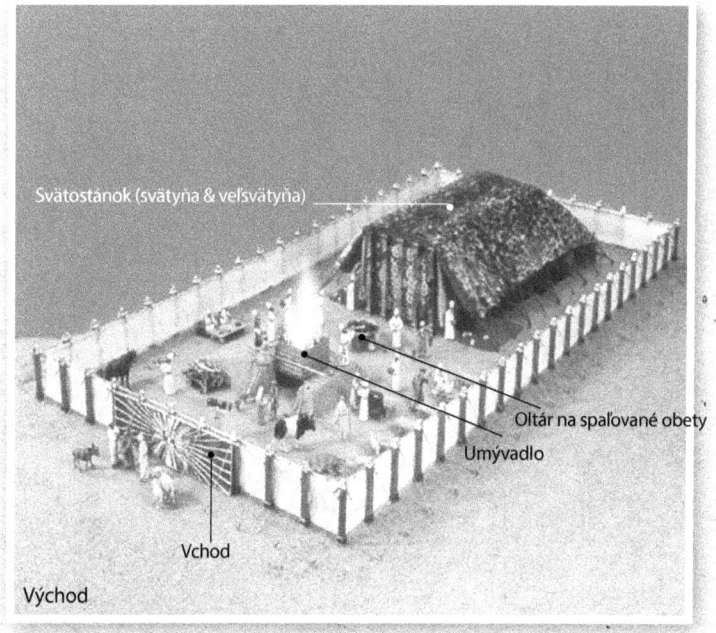

<Obrázok 2>

Panoramatický pohľad na stan stretávania

Na nádvorí je oltár na spaľovanú obetu (Ex 30, 28), umývadlo (Ex 30, 18) a svätostánok (Ex 26, 1; 36, 8) a visia tam plachty z jemne utkaného plátna. Do svätostánku je iba jeden vchod (Ex 27, 13 -16), a to symbolizuje Ježiša Krista, jediné dvere spásy.

Obrázok

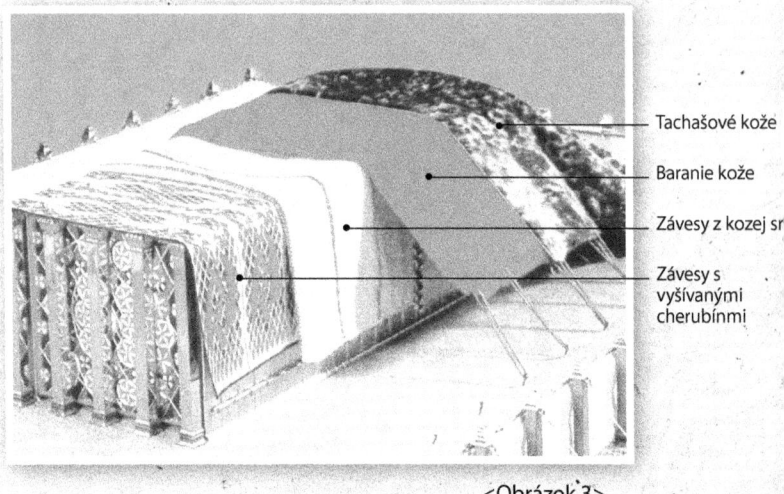

<Obrázok 3>

Zastrešenie svätostánku

Nad svätostánkom sú štyri vrstvy plátna.
V dolnej časti sú závesy vyšívané cherubínmi; nad nimi sú závesy z kozej srsti; na nich sú baranie kože; a na samom vrchole sú tachašové kože. Toto zastrešenie na obrázku č.3 je zobrazené tak, že každá vrstva je viditeľná. Keď je strecha odkrytá, sú viditeľné závesy do svätyne pred veľsvätyňou a za nimi je oltár na pálenie kadidla a závesy do veľsvätyne.

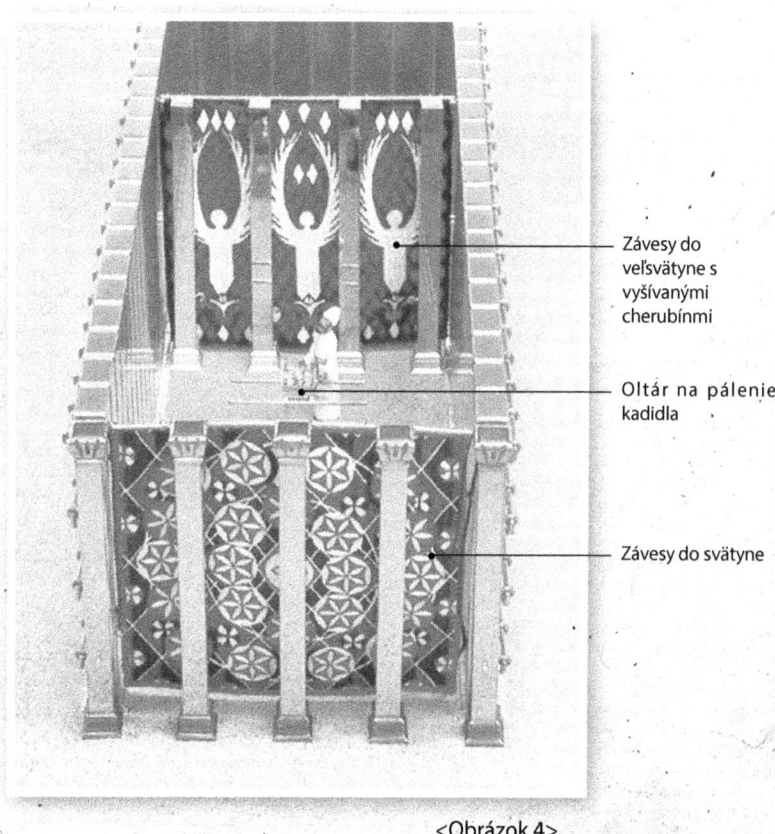

<Obrázok 4>

Pohľad na svätyňu s odkrytou strechou

Vpredu sú závesy do svätyne a za nimi je viditeľný oltár na pálenie kadidla a závesy do veľsvätyne.

Obrázok

<Obrázok 5>

Vnútro svätostánku

V strede svätyne je svietnik z čistého zlata (Ex 25, 31), stôl posvätných chlebov (Ex 25, 30) a vzadu je oltár na pálenie kadidla (Ex 30, 27).

<Obrázok 6>

Oltár na pálenie kadidla

<Obrázok 7>

Stôl posvätných chlebov

<Obrázok 8>

Svietnik

Obrázok

<Obrázok 9>

Vnútro veľsvätyne

Zadná stena svätyne bola odstránená, aby bola viditeľná veľsvätyňa. Viditeľná je archa svedectva, milostivý trón a vzadu závesy veľsvätyne. Raz za rok do veľsvätyne vstúpi veľkňaz oblečený v bielom rúchu a pokropí ju krvou obetného daru za hriech.

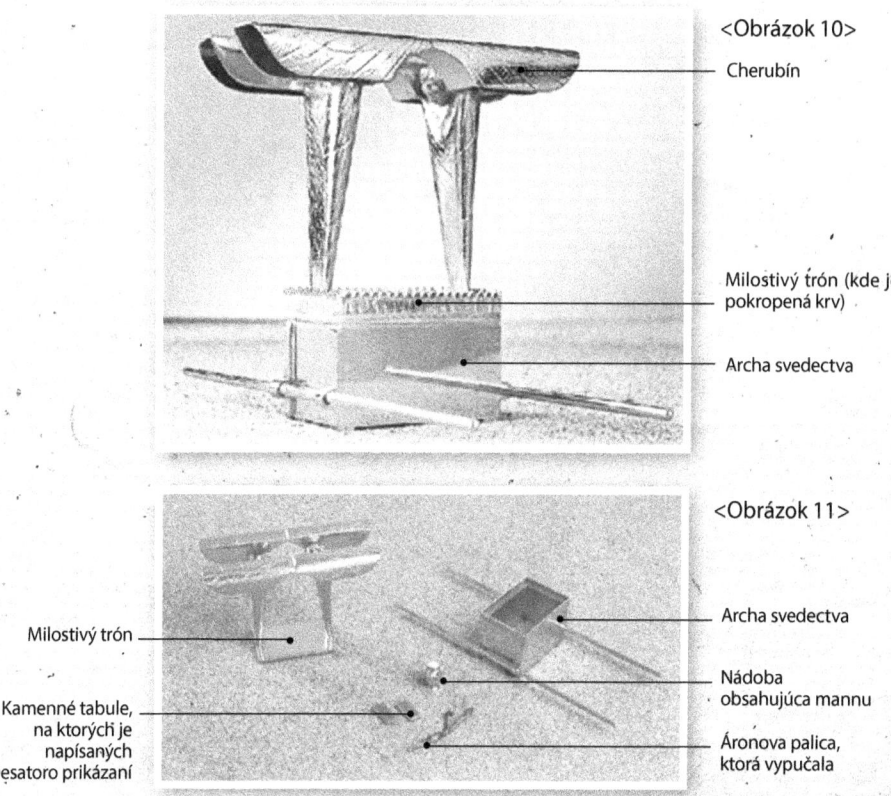

Archa svedectva a milostivý trón

Vo vnútri veľsvätyne je archa svedectva z čistého zlata a na vrchole archy je milostivý trón. Milostivý trón predstavuje vrchnák archy svedectva (Ex 25, 17 - 22) a raz za rok je pokropený krvou. Na oboch koncov milostivého trónu sú dvaja cherubíni, ktorých krídla príkrývajú milostivý trón (Ex 25, 18 - 20). Vo vnútri archy svedectva sú kamenné tabule, na ktorých je napísaných Desatoro prikázaní; nádoba obsahujúce mannu; a Áronova palica, ktorá vypučala.

Obrázok

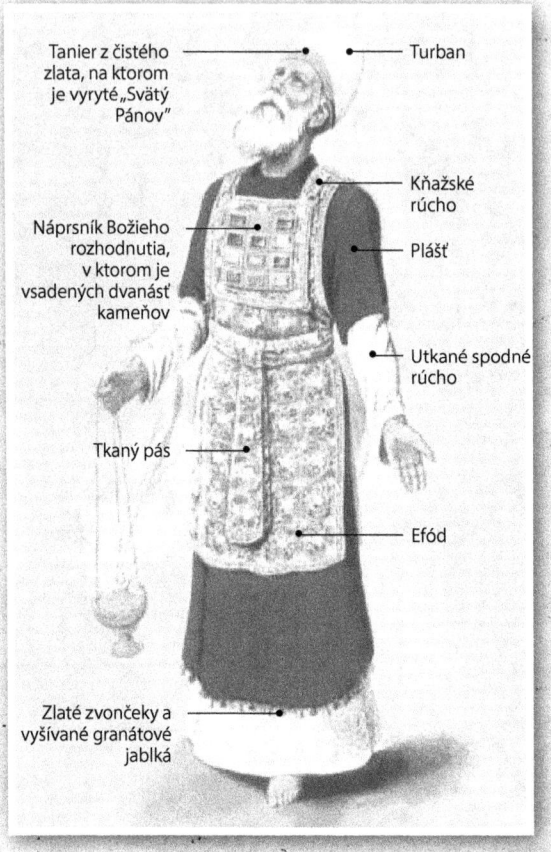

<Obrázok 12>

Odev veľkňaza

Veľkňaz bol poverený staraním sa o chrám a dohliadaním na prinášané obety, a raz za rok vstúpil do veľsvätyne, aby priniesol Bohu obetu. Každý, kto mal pozíciu veľkňaza, musel mať urím a tummím. Tieto dva kamene, ktoré boli použité na zisťovanie Božej vôle, boli umiestnené v náprsníku na vrchu efódu, ktorý kňaz nosil. „Urím" znamená svetlo a „tummím" dokonalosť.

Po tretie, umývadlo bola nádoba vyrobená z bronzu. Umývadlo obsahovalo vodu, kde si kňazi umývali ruky a nohy pred vstupom do svätyne alebo najvyšší kňaz pred vstupom do veľsvätyne.

Po štvrté, kadidlový oltár bol vyrobený z bronzu a bol dosť pevný na to, aby odolal ohňu. Oheň na oltár „vyšľahol od Pána", keď bol svätostánok dokončený (Lev 9, 24). Boh tiež prikázal, aby oheň na oltári neustále horel, nikdy nevyhasol a každý deň boli na ňom obetované dva jednoročné baránky (Ex 29, 38 - 43; Lev 6, 12 - 13).

5. Duchovný význam obiet býkov a baránkov

V Lev 1, 2 Boh povedal Mojžišovi: „Prehovor k Izraelitom a povedz im: „Keď niekto z vás chce priniesť Pánovi obetný dar, prinesiete svoj obetný dar zo zvierat, z hovädzieho dobytka alebo z drobného stáda."" Počas služieb uctievania Božie deti prinášajú Bohu rôzne dary. Okrem desiatkov ponúkajú vďaku, pomoc a útechu. Ale Boh prikazuje, že ak mu má niekto priniesť obetný dar, dar musí byť „z hovädzieho dobytku alebo z drobného stáda". Keďže tento verš má duchovný význam, nemáme robiť to, čo verš doslovne prikazuje, ale najprv musíme pochopiť duchovný význam, a potom konať v súlade s Božou vôľou.

Aký duchovný význam sa nachádza v obetovaní zvierat z hovädzieho dobytka alebo z drobného stáda? Znamená to, že musíme uctievať Boha v duchu a pravde a samých seba ponúkať ako živú a svätú obetu. Ide o „duchovnú službu uctievania" (Rim 12, 1). Vždy musíme v modlitbe zostať bdelí a správať sa pred Bohom posvätným spôsobom, a to nielen v priebehu služby uctievania, ale aj v našom každodennom živote. Potom bude naše uctievanie a všetky naše obetné dary venované Bohu ako živá a svätá obeta, ktorú bude Boh považovať za duchovnú službu uctievania.

Prečo Boh prikázal izraelskému ľudu prinášať mu spomedzi všetkých zvierat býkov a baránkov? Býky a baránky spomedzi všetkých zvierat najvhodnejšie reprezentujú Ježiša, ktorý sa stal zmiernou obetou pre spásu ľudstva. Poďme preskúmať podobnosť medzi „býkmi" a Ježišom.

1) Býky nesú ľudské bremená

Rovnako ako býky nesú ľudské bremená, aj Ježiš nesie naše bremeno hriechu. V Mt 11, 28 nám On hovorí: „Poďte ku mne všetci, ktorí sa namáhate a ste preťažení; ja vám dám odpočinúť." Ľudia sa snažia dosiahnuť bohatstvo, slávu, vedomosti, úctu, prestíž a moc a všetko ostatné, po čom túžia a vynakladajú na to všetko úsilie. Okrem rôznych bremien, ktoré človek nesie, tiež nesie bremeno hriechu a žije svoj život uprostred skúšok, utrpenia a trápenia.

Ježiš vzal na seba bremeno a námahu života tým, že sa stal obetou, prelial krv pokánia a bol ukrižovaný na drevenom kríži. Vierou v Pána človek môže odhodiť všetky svoje starosti a bremená hriechu a tešiť sa z pokoja a odpočinku.

2) Býky nespôsobujú človeku problémy; má z nich iba úžitok.
Býky poslušne poskytujú človeku nielen pracovnú silu, ale tiež mu dávajú mlieko, mäso a kožu. Od hlavy až po kopytá nie je žiadna časť býka zbytočná. Ježiš bol podobne pre človeka užitočný. Svedectvom o evanjeliu nebies pre chudobných, chorých a opustených im dal útechu a nádej, uvoľnil okovy zloby, uzdravil choroby a neduhy. Aj keď nemohol spať alebo jesť, Ježiš vynaložil všetko úsilie na to, aby akýmkoľvek spôsobom hlásal Božie slovo aspoň jednej ďalšej duši. Ponúknutím vlastného života a ukrižovaním Ježiš otvoril cestu spásy hriešnikom, ktorí boli predurčení ísť do pekla.

3) Mäso býkov poskytuje človeku potravu.
Ježiš dal človeku vlastné telo a krv, aby si z nich človek mohol urobiť chlieb. V Jn 6, 53 - 54 nám hovorí: „Amen, amen, hovorím vám: Ak nebudete jesť telo Syna človeka a piť jeho krv, nebudete mať v sebe život. Kto je moje telo a pije moju krv, má večný život a ja ho vzkriesim v posledný deň."
Ježiš je Božie slovo, ktoré prišlo na svet v ľudskom tele. Preto jesť Ježišovo telo a piť jeho krv znamená urobiť si chlieb z Božieho slova a podľa neho aj žiť. Ako človek môže žiť vďaka

jedlu a pitiu, aj večný život môžeme získať a do neba vstúpiť len tým, že si z Božieho slova urobíme chlieb a budeme ho jesť.

4) Býky orú pôdu a premieňajú ju na úrodnú pôdu. Ježiš kultivuje pôdu ľudského srdca. V Mt 13 je podobenstvo, ktoré prirovnáva srdce človeka k štyrom rôznym druhom pôdy: k pôde pri ceste; k skalnatej pôde; k tŕňom; a k dobrej pôde. Vzhľadom k tomu, že Ježiš nás vykúpil zo všetkých našich hriechov, Duch Svätý si v našich srdciach urobil príbytok a dáva nám silu. Naše srdce môže byť premenené na dobrú pôdu za pomoci Ducha Svätého. Ako dôverujeme v krv Ježiša, ktorý dovolil odpustenie všetkých našich hriechov, a usilovne konáme podľa pravdy, naše srdcia sa premenia na úrodnú, bohatú a dobrú pôdu a my budeme môcť získať požehnanie v duchu a v tele prinášať tridsaťnásobnú, šesťdesiatnásobnú a stonásobnú úrodu.

Čo majú spoločne s Ježišom baránky?

1) Baránky sú tiché.

Keď hovoríme o tichých alebo miernych ľuďoch, zvyčajne ich prirovnávame k tichosti baránka. Ježiš je najmiernejším zo všetkých ľudí. Iz 42, 3 hovorí o Ježišovi toto: „Nalomenú trstinu nedolomí, hasnúci knôtik nedohasí." Dokonca aj so zločincami a zvrhlíkmi alebo s tými, ktorí konali pokánie, ale opakovane zhrešili, je Ježiš trpezlivý až do konca a čaká, kým sa odvrátia od ich ciest. Aj napriek tomu, že Ježiš je Syn Boha Stvoriteľa a má právomoc zničiť celé ľudstvo, zostal s nami trpezlivý a ukázal jeho lásku aj vtedy, keď ho zlí ľudia križovali.

2) Baránok je poslušný.

Baránok v poslušnosti nasleduje jeho pastiera, kdekoľvek ho vedie a nehybne stojí, aj keď ho strihajú. Ako hovorí 2 Kor 1, 19: „Totiž Boží Syn Ježiš Kristus, ktorého sme vám hlásali my — ja, Silván a Timotej — nebol „áno" aj „nie", ale v ňom sa uskutočnilo „áno"." Ježiš netrval na jeho vôli, ale zostal poslušný Bohu až na smrť. Počas života Ježiš chodil len do miest podľa Božieho výberu, a robil len to, čo Boh chcel, aby urobil. Nakoniec, aj keď veľmi dobre vedel o blížiacej sa úzkosti kríža, v poslušnosti ho niesol, aby splnil vôľu Otca.

3) Baránok je čistý.

Baránok je tu jednoročný samec, ktorý sa doteraz ešte nekrížil (Ex 12, 5). Baránok v tomto veku môže byť prirovnaný k roztomilému a čistému človeku v mladosti - alebo bezúhonnému a nepoškvrnenému Ježišovi. Baránky tiež poskytujú kožušinu, mäso a mlieko; nikdy ľuďom neublížia, ale sú mu len na úžitok. Ako už bolo spomenuté, Ježiš ponúkol jeho telo a krv a dal nám aj posledný kúsok seba. V úplnej poslušnosti k Bohu Otcovi Ježiš splnil Božiu vôľu a zničil múry hriechu medzi Bohom a hriešnikmi. Dokonca aj dnes neustále kultivuje naše srdce tak, aby sa zmenilo na čistú a úrodnú pôdu.

Ako bol človek v starozákonnej dobe vykúpený z jeho hriechov skrze býkov a baránkov, Ježiš ponúkol sám seba ako obetu na kríži a dosiahol večné vykúpenie skrze jeho krv (Hebr 9, 12). S vierou v túto skutočnosť musíme jasne pochopiť, ako sa Ježiš stal obetou hodnou Božieho prijatia, aby sme mohli byť vždy vďační za lásku a milosť Ježiša Krista a nasledovali jeho život.

Kapitola 3

Spaľovaná obeta

„Vnútornosti a nohy kňaz umyje vo vode a všetko spáli na oltári ako spaľovanú obetu, ohňovú obetu príjemnej vône Pánovi."

Lev 1, 9

1. Význam spaľovanej obety

Spaľovaná obeta, prvá zo všetkých obiet zaznamenaných v knihe Levitikus, je najstaršou zo všetkých obiet. Význam výrazu „spaľovaná obeta" je „stúpať hore". Spaľovaná obeta je obetou položenou na oltári a je úplne spálená ohňom. Symbolizuje úplné obetovanie človeka, jeho oddanosť a dobrovoľnú službu.

Potešovaním Boha príjemnou vôňou zo spaľovaného zvieraťa ponúkaného ako obetný dar je spaľovaná obeta najčastejším spôsobom prinášania obety a slúži ako znamenie toho, že Ježiš vzal na seba náš hriech a sám seba ponúkol ako úplnú obetu, čím sa stal Bohu obetou príjemnej vône (Ef 5, 2).

Potešovať Boh vôňou neznamená, že Boh cíti vôňu obetovaného zvieraťa. Znamená to, že prijíma vôňu srdca toho, kto mu obetu prináša. Boh skúma, do akej miery sa človek bojí Boha, a s akým druhom lásky prináša Bohu obetu. Až potom príjme oddanosť a lásku človeka.

Zabiť zviera na spaľovanú obetu Bohu znamená dať Bohu náš vlastný život a poslúchať vo všetkom, čo nám prikázal. Inými slovami, duchovný význam spaľovanej obety je úplne žiť podľa Božieho slova a ponúkať mu každý aspekt nášho života čistým a svätým spôsobom.

V dnešnom slova zmysle je to postoj nášho srdca v sľube darovať nás život Bohu podľa jeho vôle tým, že ideme do kostola na Veľkú noc, sviatok zberu úrody, sviatok vďakyvzdania, Vianoce a každú nedeľu. Uctievaním Boha každú nedeľu a dodržiavaním nedele svätej slúži ako dôkaz toho, že sme Božie deti, a že náš duch patrí jemu.

2. Obetný dar spaľovanej obety

Boh prikázal, že obetným darom spaľovanej obety musí byť „bezchybný samec", ktorý symbolizuje dokonalosť. Chce samcov, pretože sú vo všeobecnosti vernejší ich zásadám ako samice. Nekolíšu sa sem a tam, zľava doprava, nie sú ľstiví a neváhajú. Tiež skutočnosť, že Boh chce, aby bol obetný dar „bezchybný", znamená, že človek ho má uctievať v duchu a pravde a nesmie ho uctievať so zlomeným duchom.

Keď dávame dary našim rodičom, ochotne ich príjmu, ak ich dávame s láskou a dobrosrdečne. Ak dávame neochotne, naši rodičia ich nemôžu prijať s radosťou. Z rovnakého dôvodu, Boh nepríjme uctievanie, ktoré je ponúkané bez radosti alebo uprostred únavy, ospalosti alebo rušivých myšlienok. S radosťou príjme naše uctievanie iba vtedy, keď sú hlbiny nášho srdca plné nádeje na nebo a vďačnosti za milosť spásy a lásky nášho Pána. Až potom nám Boh ukáže spôsob úniku v časoch pokušenia a súženia a umožňuje, aby sa nám vo všetkom darilo.

„Dobytča", ktoré Boh prikázal obetovať v Lev 1, 5, odkazuje na mladého býka, ktorý sa ešte doteraz nekrížil a duchovne to odkazuje na čistotu a integritu Ježiša Krista. Preto je v tomto verši obsiahnutá Božia túžba, aby sme pred neho prichádzali s čistým a úprimným srdcom dieťaťa. Nechce, aby sme sa správali detinsky alebo nezrelo, ale chce, aby sme mali srdce ako dieťa, ktoré je jednoduché, poslušné a pokorné.

Rohy mladého býčka ešte nenárástli, a tak ešte nebodá a nie je v ňom zlo. Tieto črty sú tiež črtami Ježiša Krista, ktorý je mierny, skromný a pokorný ako dieťa. Keďže Ježiš Kristus je bezúhonný a dokonalý Boží Syn, obetný dar, ktorý je k nemu prirovnávaný, musí byť tiež bez úhony a bez poškvrny. V Mal 1, 6 - 8 Boh prísne karhá Izraelitov, ktorí mu prinášali chybné a nedokonalé obety:

„Syn si ctí otca, sluha svojho pána. Ak som teda otec, kde je úcta voči mne? Ak som pán, kde je bázeň predo mnou? — Pán zástupov sa pýta vás, kňazov, ktorí znevažujete moje meno a ešte sa pýtate: „Čím znevažujeme tvoje meno?" Na môj oltár prinášate poškvrnený chlieb a pýtate sa: „Čím sme ťa poškvrnili?" Tým, že vravíte: „Pánov stôl nie je taký dôležitý." Keď na obetu prinášate slepé zviera, nie je to nič zlé? Keď prinášate chromé a choré, nie je to nič zlé? Zanes to svojmu miestodržiteľovi, či sa mu zapáčiš a či ťa prijme?! — vraví Pán zástupov."

Bohu musíme vždy ponúkať nepoškvrnené, bezúhonné a dokonalé obety tým, že ho uctievame v duchu a pravde.

3. Význam rôznych druhov obiet

Boh spravodlivosti a milosrdenstva sa pozerá na srdce človeka. Nezaujíma ho veľkosť, hodnota alebo cena obetného daru, ale rozsah starostlivosti, s ktorou každý človek s vierou priniesol obetný dar podľa okolností, v ktorých sa nachádza. Ako nám

Boh hovorí v 2 Kor 9, 7: „Každý tak, ako si umienil v srdci: Nie s nevôľou alebo z donútenia, lebo ochotného darcu miluje Boh." Boh s radosťou prijíma naše dary, ak mu ich prinášame ochotne podľa okolností, v ktorých sa nachádzame.

V Lev 1 Boh veľmi podrobne vysvetľuje, ako majú byť obetované mladé býky, baránky, kozy a vtáci. Zatiaľ čo mladé bezchybné býky sú najvhodnejšie ako obetný dar Bohu pri spaľovaných obetách, niektorí ľudia si býkov nemôžu dovoliť. To je dôvod, prečo vo svojom milosrdenstve a zľutovaní Boh ľuďom dovolil, aby mu prinášali baránkov, kozy alebo holubice podľa okolností a situácie každého človeka. Aký to má duchovný význam?

1) Boh prijíma jemu ponúkané obetné dary prinášané podľa možností každého človeka.

Finančná možnosť a okolnosti sa medzi ľuďmi líšia; malé množstvo pre niektorých ľudí môže byť veľkým množstvom pre iných ľudí. Z tohto dôvodu, Boh rád prijímal baránky, kozy alebo holubice, ktoré mu ľudia prinášali podľa možností každého z nich. Toto je Božia spravodlivosť a láska, ktorou umožnil každému, či je bohatý, alebo chudobný, podieľať sa na obetných daroch podľa možností každého z nich.

Boh nepríjme ochotne kozu, ktorá mu bola obetovaná niekým, kto si môže dovoliť býka. Avšak, Boh ochotne prijíma a rýchlo odpovedá na túžby srdca toho, kto mu dal býka, keď všetko, čo si mohol dovoliť, bol baránok. Či už bol obetovaný býk, baránok, koza alebo holubica, Boh na každý z týchto darov povedal, že mu boli obetou „príjemnej vône" (Lev 1, 9, 13, 17). To znamená, že zatiaľ čo je rozdiel vo veľkosti prinášaného obetného daru, keď dávame Bohu z hĺbky našich sŕdc, pre Boha, ktorý sa pozerá na srdce človeka, nie je v tom žiadny rozdiel, pretože všetky dary sú mu obetou príjemnej vône.

V Mr 12, 41 - 44 je scéna, v ktorej Ježiš pochválil chudobnú vdovu za jej obetný dar. Dve malé medené mince, ktoré darovala, boli najmenšou menovou jednotkou v tej dobe, ale pre ňu boli všetkým, čo mala. Bez ohľadu na to, aký malý je obetný dar, keď dávame Bohu to najlepšie podľa našich možností a s radosťou, stáva sa to obetným darom, ktorý ho potešuje.

2) Boh prijíma uctievanie podľa intelektu každého človeka.

Pri počúvaní Božieho slova sa pochopenie a získaná milosť líšia v závislosti od intelektu, vzdelania a poznania každého človeka. Dokonca aj počas rovnakej služby uctievania v porovnaní s niektorými ľuďmi, ktorí sú bystrejší a študovanejší, je schopnosť porozumieť Božiemu slovu a zapamätať si ho nižšia u tých, ktorí nie sú takí inteligentní a nestrávili veľa času študovaním. Ale keďže Boh toto všetko vie, chce, aby ho každý človek uctieval v rámci jeho intelektu z hĺbky jeho srdca, chápal Božie slovo a podľa neho žil.

3) Boh prijíma uctievanie podľa veku a duševnej ostrosti každého človeka.

S vekom ľudí sa zhoršuje aj ich pamäť a chápanie. To je dôvod, prečo mnohí starší ľudia nie sú schopní pochopiť alebo si zapamätať Božie slovo. Dokonca, keď sa títo ľudia odovzdajú uctievaniu s vrúcnym srdcom, Boh pozná okolnosti každého človeka a ochotne prijíma ich uctievanie.

Majte na pamäti, že keď človek uctieva vnuknutím Ducha Svätého, bude s ním Božia moc, aj keď mu chýba múdrosť a poznanie alebo je vysokého veku. Mocou Ducha Svätého mu Boh pomáha porozumieť a urobiť si Slovo chlebom. Preto sa nevzdávajte slovami „nejde mi to" alebo „snažil, som sa, ale aj tak to nedokážem", ale uistite sa, že ste vynaložili všetko úsilie z hĺbky vášho srdca a hľadali ste Božiu moc. Náš Boh lásky s radosťou prijíma obetné dary ponúkané na základe maximálneho úsilia, okolností a podmienok každého človeka. Z tohto dôvodu tak podrobne nechal zaznamenať v knihe Levitikus spaľovanú obetu a vyhlásil jeho spravodlivosť.

4. Obeta býkov (Lev 1, 3 – 9)

1) Bezchybné mladé býky pred vchodom do stanu stretávania

Vo vnútri svätostánku je svätyňa a veľsvätyňa. Do svätyne mohol vstúpiť iba kňaz a do veľsvätyne mohol len raz do roka vstúpiť veľkňaz. To je dôvod, prečo obyčajní ľudia, ktorí nemohli do svätyne vstúpiť, mohli pred vchodom do stanu stretávania prinášať spaľované obety z mladých býkov.

Avšak, keďže Ježiš zničil múr hriechu, ktorý stál medzi Bohom a nami, môžeme mať teraz priame a dôverné spoločenstvo s Bohom. Ľudia v starozákonnej dobe skutkami prinášali obetné dary pred vchodom do stanu stretávania. Ale keďže Duch Svätý si urobil z nášho srdca jeho chrám, prebýva v ňom a má dnes s nami spoločenstvo, my v novozákonnej dobe sme získali právo predstúpiť pred Boha vo veľsvätyni.

2) Položenie ruky na hlavu spaľovanej obety na pripísanie hriechu a zabitie

V Lev 1, 4 a ďalších veršoch čítame: „Položí ruku na hlavu spaľovanej obety; tá bude so záľubou prijatá, aby získal zmierenie. Potom pred Pánom zabije dobytča." Položenie ruky na hlavu spaľovanej obety symbolizuje pripísanie hriechov človeka spaľovanej obete, a až potom mu Boh na základe krvi spaľovanej obety odpustí hriechy.

Položenie ruky, okrem pripísania hriechu, tiež znamená požehnanie a pomazanie. Vieme, že Ježiš kládol ruku na ľudí, keď žehnal deťom alebo uzdravoval chorých od chorôb a neduhov. Kladením ruky apoštoli odovzdávali Ducha Svätého ľuďom a dary sa stali ešte hojnejšími. Kladenie ruky tiež znamená, že objekt bol darovaný Bohu. Keď pastor položí ruku na rôzne obetné dary, naznačuje to, že ich odovzdáva Bohu.

Požehnanie na konci služby uctievania, bohoslužby alebo modlitebného stretnutia modlitbou Pána je určené Bohu, aby s radosťou prijal danú službu alebo stretnutie. V Lev 9, 22 - 24 je scéna, v ktorej najvyšší kňaz Áron „pozdvihol ruky nad ľud a požehnal ho" potom, čo priniesol Bohu obetu za hriech a spaľovanú obetu spôsobom, akým Boh nariadil. Potom, čo sme dodržali Pánov deň svätý a zakončili službu požehnaním,

Boh nás ochráni pred nepriateľom diablom a satanom, ako aj od pokušenia a utrpenia a umožní nám tešiť sa z pretekajúceho požehnania.

Čo znamená, že človek mal zabiť mladého a bezchybného býčka ako spaľovanú obetu? Vzhľadom k tomu, že odplata za hriech je smrť, človek mal zvieratá zabiť namiesto seba. Mladý býk, ktorý sa doteraz ešte nekrížil, je rozkošný ako nevinné dieťa. Boh chcel, aby každý, kto prináša obetu, ponúkal ju so srdcom nevinného dieťaťa a už nikdy znova nezhrešil. Za týmto účelom chcel, aby každý človek konal pokánie z hriechov a mal rozhodné srdce.

Apoštol Pavol dobre vedel, čo Boh chce, a to je dôvod, prečo aj potom, čo získal odpustenie jeho hriechov, autoritu a moc Božieho dieťaťa, „každý deň umieral". V 1 Kor 15, 31 vyznal: „Veď každý deň umieram, uisťujem vás o tom, bratia, pri všetkom, čo pre mňa znamenáte v Kristovi Ježišovi, našom Pánovi," pretože môžeme ponúknuť naše telo ako svätú a živú obetu Bohu až po tom, čo sme odvrhli všetko, čo oponuje Bohu, ako napríklad, srdce neprávd, aroganciu, chamtivosť, rámec vlastných myšlienok, vlastnú spravodlivosť a všetko ostatné, čo je zlo.

3) Kňaz krvou pokropí okolie oltára

Po zabití mladého býčka, ktorému boli pripočítané hriechy človeka, ktorý obetu prinášal, kňaz potom krvou pokropil okolie oltára pri vchode do stanu stretávania. Je to preto, ako čítame v

Lev 17, 11: „Veď v krvi je život tela. Určil som vám ju na oltár na vykonávanie obradov zmierenia za váš život. Krvou, v ktorej je život, získava sa zmierenie." Krv symbolizuje život. Z rovnakého dôvodu Ježiš prelial jeho krv na naše vykúpenie od hriechu. „Okolie oltára" predstavuje východ, západ, sever a juh, alebo jednoduchšie, „všade tam, kde človek ide." Pokropenie krvou „okolia oltára" znamená to, že hriechy človeka sú odpustené všade tam, kam by mohol ísť. To znamená, že získame odpustenie hriechov spáchaných akýmkoľvek spôsobom a získame smer cesty, na ktorú nás Boh chce viesť, ďaleko od smeru, ktorému sa musíme celkom určite vyhnúť.

Je to rovnaké aj dnes. Oltár je kazateľnica, z ktorého je hlásané Božie slovo a služobník Pána, ktorý vedie službu uctievania, má úlohu kňaza, ktorý kropí krvou. Pri službách uctievania počúvame Božie slovo a vierou a v splnomocnení krvou Pána získavame odpustenie všetkého, čo sme vykonali, čo je v rozpore s Božou vôľou. Akonáhle získame skrze krv odpustenie hriechov, musíme ísť len tam, kde Boh chce, aby sme išli, aby sme vždy boli vzdialení od hriechu.

4) Sťahovanie kože zo spaľovanej obety a rozsekanie obety na kusy

Zviera, ktorá je prinášané ako spaľovaná obeta, musí byť najprv stiahnuté z kože, a potom úplne spálené ohňom. Zvieracie kože sú hrubé a je ich ťažké úplne spáliť, a keď sú spálené, zapáchajú. Preto, aby bolo zviera obetou príjemnej vône, muselo byť najprv stiahnuté z kože. Ku ktorému aspektu služby uctievania je dnes tento postup prirovnateľný? Boh zacíti vôňu človeka, ktorý ho uctieva a neprijíma nič, čo mu nie je príjemné. Aby bolo uctievanie pre Boha obetou príjemnej vône, musíme „odhodiť vonkajší vzhľad ušpinený svetom a prísť pred Boha zbožným a svätým spôsobom". Počas života sa stretávame s rôznymi aspektami života, ktoré nemožno považovať pred Bohom za hriešne, ale nie sú ani zďaleka zbožné alebo sväté. Takéto svetské veci, ktoré v nás boli pred vedením života v Kristovi, v nás môžu ešte stále zotrvávať a môžu vyjsť na povrch veci ako extravagancia, márnosť a pýcha.

Napríklad, niektorí ľudia chodia radi na trhy alebo do obchodných domov, aby si „prezerali výkladné skrine", a tak chodia nakupovať zo zvyku. Iní sú závislí na televízii alebo videohrách. Ak sú naše srdcia ovplyvnené takými vecami, vzdiaľujeme sa od Božej lásky. Okrem toho, ak budeme skúmať samých seba, budeme schopní nájsť svetské nepravdy a všetko to, čo je pred Bohom nedokonalé. Aby sme boli pred Bohom dokonalí, musíme všetko toto odhodiť. Keď ho prídeme uctievať, musíme najprv konať pokánie zo všetkých týchto svetských aspektov života a naše srdce sa musí stať zbožnejším a svätejším.

Konanie pokánia z hriešnych, nečistých a nedokonalých škvŕn sveta pred začatím služby uctievania je ekvivalentom stiahnutia kože zo zvieraťa pri spaľovanej obete. Aby to bolo možné urobiť, musíme si pripraviť naše srdce, aby bolo správne tým, že prídeme na služby uctievania zavčasu. Uistite sa, že ponúkate Bohu ďakovnú modlitbu za to, že vám odpustil všetky hriechy a chráni vás a po nazretí do vlastného vnútra mu ponúknite modlitbu pokánia.

Keď človek ponúkol Bohu zvieratá, ktoré boli zbavené kože, rozsekané na kusy a zapálené, Boh dal za to človeku odpustenie priestupkov a hriechov a dovolil, aby kňaz použil zvyšné kože na účely, ktoré uzná za vhodné. „Rozsekanie na kusy" znamená oddelenie hlavy, nôh, slabín a zadných častí zvieraťa, a zároveň aj jeho vnútorností.

Keď starším ľuďom dávame ovocie, ako melóny a jablká, nedávame im celé plody; olúpeme ich a vkusne ich naservírujeme. Je to rovnaké aj pri prinášaní obiet Bohu, kedy nespálime celú obetu, ale predložíme mu ju úhľadným spôsobom.

Aký duchovný význam má „rozsekanie obety na kusy"?

Po prvé, je tu kategorizácia rôznych druhov uctievania ponúkaných Bohu. Je tu ranná a večerná nedeľná služba, služba v stredu večer a celonočná piatková služba. Rozdelenie služieb uctievania je ekvivalentom „rozsekania obety na kusy".

Po druhé, rozdelenie obsahu našej modlitby je ekvivalentom „rozsekania obety na kusy". Všeobecne platí, že modlitba je rozdelená na pokánie a zahnanie zlých duchov, a potom nasleduje modlitba vďakyvzdania. Potom nasleduje téma cirkvi; za výstavbu svätyne; za kňazov a cirkevných pracovníkov; za vykonávanie povinnosti človeka; za prosperitu duše človeka; za túžby srdca človeka, a nakoniec modlitba zakončenia.

Samozrejme, že sa môžeme modliť pri chôdzi po ulici,

šoférovaní alebo počas prestávky v práci. Môžeme mať spoločenstvo v tichosti, zatiaľ čo premýšľame a meditujeme nad Bohom a naším Pánom. Majte na pamäti, že okrem času na meditáciu, mať čas aj na témy modlitby, jednu po druhej, je rovnako dôležité ako rozsekanie obety na kusy. Boh potom ochotne príjme vašu modlitbu a rýchlo vám odpovie.

Po tretie, „rozsekanie obety na kusy" znamená, že Božie slovo ako celok je rozdelené do 66 kníh. 66 kníh Biblie spoločne vysvetľuje živého Boha a prozreteľnosť spásy skrze Ježiša Krista. Napriek tomu, Božie slovo je rozdelené do jednotlivých kníh a jeho Slovo v každej knihe je v súlade s ostatnými knihami. Keďže Božie slovo je rozdelené do rôznych kategórií, Božia vôľa je zjavená systematickejšie a je pre nás jednoduchšie urobiť ho naším chlebom.

Po štvrté, a to je najdôležitejšie zo všetkého, „rozsekanie obety na kusy" znamená, že samotná služba uctievania je rozdelená na rôzne časti a pozostáva z rôznych častí. Po modlitbe pokánia pred začiatkom služby nasleduje prvá časť, krátka meditácia, ktorá nás pripravuje na službu a je jej začiatkom a služba sa končí buď modlitbou Pána, alebo požehnaním. Medzi týmito časťami je nielen hlásanie Božieho slova, ale aj prosby, chvály, čítanie Slova, obetovanie a ďalšie časti. Každý proces má vlastný význam a uctievanie v určenom poradí je ekvivalentom rozsekania obety na kusy.

Rovnako ako spálenie všetkých častí obetného daru zakončuje

spaľovanú obetu, musíme sa úplne oddať službe uctievania v plnom rozsahu od začiatku až do konca. Účastníci by nemali prísť neskoro alebo počas služby odísť, aby sa postarali o osobné záležitosti, pokiaľ to nie je nevyhnutné. Niektorí ľudia musia v kostole vykonávať špecifické povinnosti, ako sú napríklad dobrovoľníctvo alebo služba uvádzačov, a v takých prípadoch môže byť skoré opustenie ich miesta povolené. Ľudia môžu chcieť prísť načas na večernú modlitbu v stredu alebo celonočnú piatkovú službu, ale môžu byť nútení prísť neskoro v dôsledku ich práce či iných nevyhnutných okolností. V takom prípade sa Boh pozerá na ich srdcia a prijíma vôňu ich uctievania.

5) Kňaz rozloží na oltári oheň a naloží naň drevo

Po rozsekaní obety na kusy kňaz musí uložiť všetky kusy obetného daru na oltár a zapáliť ich. To je dôvod, prečo má kňaz pokyn „rozložiť oheň na oltári a naložiť naň drevo". „Oheň" tu du ovne znamená oheň Ducha Svätého a „drevo na oheň" odkazuje na kontext a obsah Biblie. Každé slovo v 66 knihách Biblie je potrebné použiť ako drevo na oheň. „Naložiť naň drevo" duchovne znamená urobiť si každé slovo v Biblii duchovným chlebom uprostred diel Ducha Svätého.

Napríklad, v Lk 13, 33 Ježiš hovorí: „Ale dnes, zajtra i pozajtra musím ísť ďalej, lebo nie je možné, aby prorok zahynul mimo Jeruzalema." Pokus o doslovné pochopenie tohto verša bude zbytočný, pretože vieme, že veľa Božích ľudí, ako apoštol Pavol a Peter, zomreli „mimo Jeruzalema". Ale v tomto verši „Jeruzalem" neodkazuje na fyzické mesto, ale na mesto, ktoré predstavuje Božie srdce a vôľu, čiže „duchovný Jeruzalem," ktorým je „Božie slovo". Preto „nie je možné, aby prorok zahynul mimo Jeruzalema" znamená, že prorok žije a umiera v medziach Božieho slova.

Chápanie toho, čo čítame v Biblii a hlásaných posolstiev, ktoré počúvame počas služieb uctievania, je možné pochopiť len vnuknutím Ducha Svätého. Každá časť Božieho slova, ktorá siaha za hranice vedomostí, myšlienok a špekulácií človeka, môže byť pochopená skrze vnuknutie Ducha Svätého, a potom môžeme uveriť v Slovo z hĺbky našich sŕdc. Stručne povedané, duchovne rastieme iba vtedy, keď sme pochopili Božie slovo skrze diela a vnuknutie Ducha Svätého, čo vedie k tomu, že srdce Boha je nám naklonené a zapúšťa korene v našich srdciach.

6) Poukladanie rozsekaných kusov, hlavy a tuku na drevo, ktoré horí na oltári

Lev 1: 8 hovorí: „Potom Áronovi synovia, kňazi, poukladajú rozsekané kusy, hlavu a tuk na drevo, ktoré horí na oltári." Kňaz musí na spaľovanú obetu poukladať na drevo kusy rozsekaného obetného daru, ako aj hlavu a tuk.

Spaľovanie hlavy obety znamená spálenie všetkých myšlienok neprávd, ktoré pochádzajú z našej hlavy. Je to preto, že naša myšlienka pochádza z hlavy a väčšina hriechov začína v hlave. Ľudia tohto sveta neodsudzujú niekoho za hriešnika, keď sa jeho hriech neuskutoční v skutku. Avšak, ako čítame v 1 Jn 3, 15: „Každý, kto nenávidí svojho brata, je vrah," Boh nazýva samotné prechovávanie nenávisti hriechom.

Ježiš nás vykúpil z nášho hriechu pred 2 000 rokmi. Vykúpil nás z hriechov, ktoré páchame nielen našimi rukami a nohami, ale aj hlavou. Ježiš mal na kríži pribité jeho ruky a nohy, aby nás vykúpil z hriechov, ktoré páchame rukami a nohami a mal na hlave tŕňovú korunu, aby nás vykúpil z hriechov, ktoré páchame našimi myšlienkami, ktoré vznikajú v našich hlavách. Pretože nám už boli odpustené hriechy, ktoré páchame našimi myšlienkami, nemusíme dávať Bohu ako obetu hlavu zvieraťa. Namiesto hlavy zvieraťa musíme spáliť naše myšlienky ohňom Ducha Svätého, a to urobíme odvrhnutím myšlienok neprávd a za všetkých okolností myslením len na pravdu.

Keď za všetkých okolností myslíme len na pravdu, už viac nebudeme mať myšlienky nepravdy alebo rušivé myšlienky. Pretože Duch Svätý vedie ľudí k odhodeniu rušivých myšlienok, k sústredeniu sa na posolstvo a vrytiu posolstva do ich sŕdc počas služieb uctievania, budú schopní ponúknuť Bohu duchovné uctievanie, ktoré príjme.

Okrem toho, tuk, ktorý je pevným tukom zvieraťa, je zdrojom energie a samotného života. Ježiš sa stal obetou dokonca do tej miery, že prelial všetku jeho krv a vodu. Keď uveríme v Ježiša ako nášho Pána, už nebudeme musieť ponúkať Bohu tuk zvierat.

Ale „veriť v Pána" nie je splnené len tým, že perami vyznáme „verím". Ak naozaj veríme, že nás Pán vykúpil z hriechov, musíme odhodiť hriech, zmeniť sa Božím slovom a viesť posvätný život. Aj v čase uctievania musíme použiť všetku našu energiu - naše telo, srdce, vôľu a maximálne úsilie - a ponúknuť Bohu duchovnú službu uctievania. Človek, ktorý na uctievanie používa všetku energiu, si nielen ukladá Božie slovo v jeho hlave, ale plní ho aj v srdci. Iba vtedy, keď je Božie slovo naplnené v srdci človeka, môže sa stať životom, silou a požehnaním v duchu a tele.

7) Kňaz umyje vo vode vnútornosti a nohy a všetko spáli na oltári ako spaľovanú obetu

Zatiaľ čo sú ostatné časti obety ponúkané také, aké sú, Boh prikazuje, aby boli vnútornosti a nohy, nečisté časti zvieraťa, umyté vo vode a obetované. „Umyť vo vode" odkazuje na umytie nečistôt človeka prinášajúceho obetu. Aké nečistoty sa majú umyť? Zatiaľ čo ľudia v starozákonnej dobe umyli nečistoty obetného daru, ľudia v novozákonnej dobe musia umyť nečistoty srdca.

V Mt 15 je scéna, kde farizeji a zákonníci karhali Ježišových učeníkov za to, že jedli neumytými rukami. Ježiš im povedal: „Človeka nepoškvrňuje to, čo vchádza do úst, ale čo vychádza z úst, to poškvrňuje človeka" (v 11). Účinky toho, čo vstúpi do úst, končí jeho vylúčením; avšak, to, čo z úst vychádza, pochádza zo srdca s trvalými následkami. Rovnako, ako Ježiš pokračuje vo veršoch 19 - 20: „Lebo zo srdca vychádzajú zlé myšlienky, vraždy, cudzoložstvá, smilstvá, krádeže, krivé svedectvá, ohováranie. To sú veci, ktoré poškvrňujú človeka, ale jesť neumytými rukami nepoškvrňuje človeka," musíme si Božím slovom očistiť srdce od hriechu a zla.

Čím viac Božieho slova vstúpi do nášho srdca, tým čistejšie bude od hriechu a zla, ktoré bude z neho o to viac odstránené.

Napríklad, ak si človek robí chlebom lásku a podľa toho aj žije, nenávisť bude odstránená. Ak si človek robí chlieb z pokory, nahradí aroganciu. Ak si človek robí chlieb z pravdy, pominú sa klamstvá a podvod. Čím viac si človek robí pravdu chlebom a podľa toho žije, tým viac hriešnej prirodzenosti bude schopný odhodiť. Jeho viera prirodzene vzrastie a dosiahne mieru viery, ktorá patrí k plnosti Krista. Podľa miery jeho viery ho bude sprevádzať Božia moc a autorita. Bude mať nielen splnené túžby jeho srdca, ale tiež zažije požehnanie v každom aspekte jeho života.

Až po tom, čo boli vnútornosti a nohy umyté a všetky uložené na ohni, vydajú príjemnú vôňu. Lev 1, 9 to opisuje ako „ohňovú obetu príjemnej vône Pánovi." Keď ponúkame Bohu duchovnú službu uctievania v duchu a pravde v súlade s jeho Slovom o spaľovaných obetách, to uctievanie bude ohňovou obetou, ktorá Boha potešuje a môže dosiahnuť jeho odpovede. Naše uctievajúce srdce bude Bohu príjemnou vôňou, a ak bude ňou potešený, požehná nás prosperitou v každom aspekte nášho života.

5. Obeta ovce alebo kozy (Lev 1, 10 – 13)

1) Mladý bezchybný samec ovce alebo kozy

Tak ako je to u obety býkov, či už ide o ovcu alebo kozu, obetným darom musí byť bezchybný samček. Nevinná obeta sa duchovne vzťahuje na uctievanie Boha s dokonalým srdcom plným radosti a vďačnosti. Boží príkaz obetovania samca znamená „uctievať rozhodným srdcom bez váhania". Zatiaľ čo sa obetný dar môže líšiť v závislosti od finančnej situácie každého človeka, postoj človeka prinášajúceho obetu musí byť vždy svätý a dokonalý bez ohľadu na obetný dar.

2) Obetný dar musí byť zabitý na severnej strane oltára a jeho krvou kňaz dookola pokropí oltár na všetky štyri strany

Rovnako ako to bolo pri obetovaní býkov, dôvodom pokropenia zvieracej krvi dookola po stranách oltára je odpustenie hriechov spáchaných všade — na východe, západe, severe a juhu. Boh dovolil toto očistenie krvou zvieraťa, ktoré mu bolo obetované, namiesto krvi daného človeka.

Prečo Boh prikázal, aby bola obeta zabitá na severnej strane oltára? „Na sever" alebo „severná strana" duchovne symbolizuje chlad a tmu; je to výraz často používaný na poukázanie niečoho, čo Boh trestá alebo karhá, a s čím nie je spokojný.

Jer 1, 14 - 15 čítame:

„Od severu sa valí pohroma na všetkých obyvateľov krajiny. Veď zavolám na všetky kmene kráľovstiev na severe — znie výrok Pánov. Prídu a každý si postaví trón pred vchodom do brán Jeruzalema proti všetkým hradbám dookola a proti všetkým judským mestám."

V Jer 4, 6 nám Boh hovorí: „Vztýčte zástavu na Sione, utekajte a nezastavujte sa, lebo privediem nešťastie od severu a veľkú záhubu." Ako vidíme v Biblii, „sever" znamená Boží trest a pokarhanie, a preto musí byť zviera, ktorému boli pripísané všetky hriechy človeka, zabité „na severnej strane", čo je symbolom prekliatia.

3) Obeta sa rozseká na kusy, jej hlavu a tuk uložia na drevo; vnútornosti a nohy sa umyjú vodou; všetko sa spáli na oltári ako spaľovaná obeta

Rovnako ako spaľovaná obeta býkov, aj spaľovaná obeta ovce alebo kozy môže byť prinášaná Bohu na získanie odpustenia hriechov, ktoré pácháme našimi hlavami, rukami a nohami. Starý zákon je ako tieň a Nový zákon je ako obraz. Boh chce, aby sme získali odpustenie hriechov, a to nielen na základe skutkov, ale aj obrezaním našich sŕdc a životom podľa jeho Slova. Toto znamená ponúkať Bohu duchovnú službu uctievania celým naším telom, srdcom a vôľou a urobiť si Božie slovo chlebom vnuknutím Ducha Svätého, aby sme tak mohli odhodiť nepravdu a žiť podľa pravdy.

6. Obeta vtákov (Lev 1, 14 – 17)

1) Hrdlička alebo holúbok

Holubice sú najtichšie a najbystrejšie zo všetkých vtákov a dobre poslúchajú ľudí. Keďže je ich mäso jemné a holubice všeobecne poskytujú človeku mnoho úžitku, Boh prikázal, aby boli obetované hrdličky alebo holúbky. Boh chcel, aby spomedzi holubíc boli obetované holúbky, pretože chcel získať čisté a tiché obety. Tieto vlastnosti holúbkov symbolizujú pokoru a tichosť Ježiša, ktorý sa stal obetou.

2) Kňaz prinesie obetu k oltáru, odtrhne hlavu, natrhne krídla, ale neoddelí ich; kňaz ju spáli na dreve, ktorý horí na oltári, krv vytlačí na stenu oltára

Vzhľadom k tomu, že holúbky sú veľmi malé, nemôžu byť zabité, a potom rozsekané na kusy a môžu preliať len malé množstvo krvi. Z tohto dôvodu je na rozdiel od iných zvierat, ktoré sú zabité na severnej strane oltára, jeho hlava vykrútená a krv vytlačená; aj táto časť obsahuje kladenie ruky na hlavu holubice. Zatiaľ čo krv obety musí byť pokropená okolo oltára, obrad zmierenia sa koná iba vytlačením krvi na stenu oltára v dôsledku malého množstva krvi holubice.

Okrem toho, vzhľadom k jej malému telu, ak by sme holubicu rozsekali na kusy, jej telo by bolo na nerozoznanie. To je dôvod, prečo sú len natrhnuté krídla holubice, ale nie sú od tela oddelené. Pre vtáky sú krídla ich životom. Skutočnosť, že holubica má natrhnuté krídla, symbolizuje, že človek sa úplne odovzdal Bohu a dal mu aj svoj život.

3) Jeho hrvoľ aj s obsahom vyberie a odhodí k východnej strane oltára, kam sa vysýpa popol

Pred zapálením obety vtáka je odstránený vtáčí hrvoľ aj s obsahom. Zatiaľ čo vnútornosti býkov, baránkov a kôz nie sú vyhodené, ale spálené po ich umytí vo vode, Boh dovolil, aby bol hrvoľ a vnútornosti holubice vyhodené, pretože je ťažké ich vyčistiť. Skutok vyhodenia hrvoľa holubice aj s obsahom, ako to bolo pri čistení nečistých častí býkov a baránkov, symbolizuje očistenie našich nečistých sŕdc a hriešneho a zlého správania v minulosti uctievaním Boha v duchu a pravde.

Vtáčí hrvoľ aj s obsahom musí byť odhodený k východnej strane oltára, kam sa vysýpa popol. V Gn 2, 8 čítame, že Boh „vysadil záhradu na východ v Edene." Duchovný význam „východu" je priestor obklopený svetlom. Dokonca aj na Zemi, na ktorej žijeme, východ je miesto, kde vychádza slnko, a akonáhle slnko vyjde, temnota noci je potlačená.

Aký význam má odhodenie hrvoľa holubice s jeho obsahom k východnej stene oltára?

To symbolizuje náš príchod k Pánovi, ktorý je Svetlo, po odvrhnutí nečistôt hriechu a zla tým, že Bohu prinesieme spaľovanú obetu. Ako čítame v Ef 5, 13: „No všetko, čo svetlo odhalí, stáva sa zjavným. Veď všetko, čo je zjavné, je svetlo," odhadzujeme nečistotu hriechu a zla, ktoré sme v sebe objavili a staneme sa Božími deťmi vyjdením na Svetlo. Preto odhodenie nečistôt obety na východ duchovne predstavuje to, ako my, ktorí sme žili uprostred duchovných nečistôt — hriechu a zla, odhodíme hriech a staneme sa Božími deťmi.

Prostredníctvom spaľovanej obety býkov, baránkov, kôz a vtákov môžeme teraz pochopiť Božiu lásku a spravodlivosť. Boh prikázal spaľované obety, pretože chcel, aby ľud Izraela žil každý okamih ich života v priamom a dôvernom spoločenstve s ním, neustálym prinášaním spaľovaných obiet. Keď si toto budete pamätať, dúfam, že budete Boha uctievať v duchu a pravde a nebudete len dodržiavať deň Pána svätý, ale budete Bohu ponúkať príjemnú vôňu vášho srdca všetkých 365 dní v roku. Potom náš Boh, ktorý nám sľúbil: „Raduj sa v Pánovi a dá ti, po čom túži tvoje srdce" (Ž 37, 4), nás zaplaví prosperitou a nádhernými požehnaniami, kdekoľvek pôjdeme.

Kapitola 4

Pokrmová obeta

„Keď niekto chce priniesť Pánovi ako obetný dar pokrmovú obetu, nech obetuje jemnú múku, ktorú poleje olejom a pridá k nej kadidlo."

Lev 2, 1

1. Význam pokrmovej obety

Lev 2 vysvetľuje pokrmovú obetu, a ako má byť Bohu ponúknutá, aby mohla byť živou a svätou obetou, ktorou bude potešený.

Ako čítame v Lev 2, 1: „Keď niekto chce priniesť Pánovi ako obetný dar pokrmovú obetu, nech obetuje jemnú múku," pokrmová obeta je obeta ponúkaná Bohu v podobe jemne mletých zŕn. Je to obeta vďakyvzdania Bohu za to, že nám dal život a dáva nám každodenný chlieb. V dnešnom slova zmysle to predstavuje obetu vďakyvzdania počas nedeľnej služby uctievania ponúkanej Bohu za to, že nás chránil počas predchádzajúceho týždňa.

V obetách ponúkaných Bohu je na odpustenie hriechu potrebné preliatie krvi zvierat, ako sú býky alebo baránky. Dôvodom je to, že odpustenie našich hriechov skrze preliatie krvi zvierat zabezpečuje dosiahnutie našich modlitieb a prosieb k svätému Bohu. Avšak, pokrmová obeta je obeta vďakyvzdania, ktorá si vo všeobecnosti nevyžaduje samostatné preliatie krvi, pretože je prinášaná spolu so spaľovanou obetou. Ľudia prinášali Bohu prvé plody a iné dobré veci zo zŕn, ktoré zozbierali pri žatve, ako pokrmovú obetu za to, že im dal semená na siatie a pokrm a chránil ich až do času žatvy.

Ako pokrmová obeta bola zvyčajne ponúkaná múka. Bola použitá jemná múka, chlieb upečený v peci a zavčas zrejúce čerstvé klasy a všetky obetné dary boli ochutené olejom a soľou, a bolo k nim pridané aj kadidlo. Potom bola hrsť obetných darov spálená ako ohňová obeta na potešenie Boha príjemnou vôňou. V Ex 40, 29 čítame: „Oltár na spaľované obety postavil pri vchode do príbytku stanu stretávania. Na ňom obetoval spaľovanú a pokrmovú obetu podľa Pánovho príkazu Mojžišovi." Boh prikázal, aby bola spolu so spaľovanou obetou prinášaná aj pokrmová obeta. Preto Bohu dávame úplnú duchovnú službu uctievania len vtedy, keď mu pri nedeľných službách uctievania ponúkame aj obety vďakyvzdania.

Významom výrazu „pokrmová obeta" je „obetný dar" a „dar". Boh nechce, aby sme navštevovali rôzne služby uctievania s prázdnymi rukami, ale aby sme skutkom prejavili srdce vďakyvzdania tým, že mu ponúkneme obety vďakyvzdania. Z tohto dôvodu nám v 1 Tes 5, 18 hovorí: „Za všetko vzdávajte vďaky, lebo to je Božia vôľa v Kristovi Ježišovi" a v Mt 6, 21: „Veď kde je tvoj poklad, tam bude aj tvoje srdce."

Prečo musíme za všetko vzdávať vďaky a ponúkať Bohu pokrmové obety? Po prvé, celé ľudstvo kráčalo cestou smrti v dôsledku Adamovej neposlušnosti, ale Boh nám dal Ježiša ako zmiernu obetu za naše hriechy. Ježiš nás vykúpil z hriechov a skrze neho sme získali večný život. Vzhľadom k tomu, že Boh, ktorý stvoril všetko vo vesmíre a človeka, je teraz naším Otcom, môžeme sa tešiť z autority Božích detí. Keďže nám dovolil vlastniť večné nebo, ako by mohol existovať nejaký iný spôsob poďakovania?

Boh nám dáva slnko a riadi dážď, vietor a podnebie, z ktorého sa tešíme, aby sme mohli žať bohatú úrodu, skrze ktorú nám dáva každodenný chlieb. Musíme mu vzdávať vďaky. Okrem toho, je to Boh, ktorý chráni každého z nás na tomto svete, v ktorom prevláda hriech, neprávosť, choroby a nehody. On odpovedá na naše modlitby, ktoré ponúkame s vierou a vždy nás žehná viesť víťazný život. Ako by sme mu mohli neďakovať!

2. Obetné dary pri pokrmovej obete

V Lev 2, 1 Boh hovorí: „Keď niekto chce priniesť Pánovi ako obetný dar pokrmovú obetu, nech obetuje jemnú múku, ktorú poleje olejom a pridá k nej kadidlo." Obetný dar pokrmovej obety ponúkaný Bohu musí byť jemne mletý. Boží príkaz, podľa ktorého má byť ponúkaný obetný dar „jemný", predstavuje druh srdca, s ktorým mu musíme prinášať obety. Na to, aby bola múka jemná, obilie musí prejsť celým radom procesov, vrátane lúpania, mletia a preosievania. Každý z týchto procesov si vyžaduje veľké úsilie a starostlivosť. Farba pokrmov vyrobených z jemnej múky je krásna na vzhľad a také pokrmy sú oveľa chutnejšie.

Duchovný význam Božieho príkazu o tom, že pokrmová obeta musí „byť z jemnej múky", znamená, že Boh prijíma obetné dary pripravené s najvyššou starostlivosťou a radosťou. Ochotne ich prijíma, keď skutkom prejavíme srdce vďakyvzdania a nevzdávame vďaky len našimi perami. Preto, keď dávame desiatky alebo ponúkame obety vďakyvzdania, musíme sa uistiť, že ich dávame z celého srdca, aby ich Boh ochotne prijal. Boh je vládcom všetkého a človeku prikazuje, aby mu prinášal obety, ale nie je to preto, že mu niečo chýba. On má moc zväčšiť bohatstvo každého človeka a vziať majetok kohokoľvek. Dôvodom, prečo Boh chce prijať od nás obetu, je to, aby nás požehnal ešte viac a hojnejšie skrze obety, ktoré mu prinášame s vierou a láskou.

Ako nájdeme v 2 Kor 9, 6: „Kto skúpo seje, skúpo bude aj žať, kto však seje štedro, štedro bude aj žať," žať podľa toho, čo kto zaseje, je zákonom duchovnej oblasti. Preto, aby nás mohol požehnať ešte hojnejšie, Boh nás učí prinášať mu obety vďakyvzdania.

Keď v toto veríme, a preto prinášame obety, musíme ich samozrejme ponúkať s celým srdcom, ako by sme prinášali Bohu obetné dary z jemnej múky, a musíme mu dať tie najcennejšie z obetných darov, ktoré sú bez úhony a čisté.

„Jemná múka" znamená tiež Ježišovu povahu a život, ktoré sú samy o sebe dokonalé. Tiež nás učí, že rovnako ako s najvyššou opatrnosťou vyrábame jemnú múku, musíme viesť život v námahe a poslušnosti.

Pri ponúkaní pokrmovej obety z jemnej múky, po zmiešaní múky s olejom a upečení v peci alebo upečení ako posúchy, či upečení na platni, potom ich ľudia spálili na ohni na oltári. Skutočnosť, že pokrmové obety boli ponúknuté rôznymi spôsobmi, znamená, že prostriedky, ktorými sa ľudia živili, ako aj dôvody pre vzdávanie vďaky, boli rôzne.

Inými slovami, okrem dôvodov, pre ktoré vždy v nedeľu ponúkame obetu vďakyvzdania, môžeme vzdať vďaky za požehnanie, ktoré sme dostali alebo za odpovede na túžby nášho srdca; za prekonanie pokušení a skúšok z viery; a podobne. Avšak, ako nám Boh prikazuje „za všetko vzdávať vďaky", musíme hľadať dôvody, prečo byť vďační a vzdať vďaky zodpovedajúcim spôsobom. Až potom Boh príjme vôňu našich sŕdc a zabezpečí, aby dôvody, kvôli ktorým vzdávame vďaky, boli v našich životoch hojné.

3. Prinášať pokrmovú obetu

1) Pokrmová obeta z jemnej múky s olejom a kadidlom

Pridanie oleja k múke umožní, aby sa z múky stalo cesto a z cesta vynikajúci chlieb, zatiaľ čo pridanie kadidla k chlebu zlepší kvalitu a vzhľad celého obetného daru. Keď je to prinesené ku kňazovi, ten z jemnej múky a oleja vezme plnú hrsť a pridá celé kadidlo a spáli to v ohni na oltári. V tej chvíli sa uvoľní príjemná vôňa.

Aký význam má pridanie oleja k múke?

„Olej" sa tu vzťahuje na tuk zvierat alebo živicový olej získavaný z rastlín. Zmiešanie jemnej múky s „olejom" znamená, že musíme dať každý gram a kúsok našej energie – celý náš život – do prinášania obety Bohu. Keď uctievame Boha alebo mu ponúkame obety, Boh nám dáva vnuknutie a plnosť Ducha Svätého a umožňuje nám viesť život, v ktorom s ním máme priame a dôverné spoločenstvo. Pridanie oleja symbolizuje to, že nech Bohu dávame čokoľvek, musíme mu to dať celým naším srdcom.

Čo znamená pridať k obete kadidlo? V Rim 5, 7 čítame: „Sotvakto zomrie za spravodlivého, aj keď za dobrého sa azda niekto odhodlá zomrieť." A napriek tomu, v súlade s Božou vôľou Ježiš zomrel za nás, ktorí nie sme ani spravodliví, ani dobrí, ale hriešni. Akou príjemnou vôňou bola Bohu Ježišova láska? To je to, ako Ježiš zničil moc smrti, vstal z mŕtvych, posadil sa po pravici Boha, stal sa Kráľom kráľov a pre Boha skutočne neoceniteľnou vôňou.

Ef 5, 2 nás nabáda: „A žite v láske, ako aj Kristus miloval nás a vydal samého seba za nás ako dar a obetu Bohu príjemnej vône." Keď bol Ježiš obetovaný Bohu ako obeta, bol ako obeta s pridaným kadidlom. Preto, keďže sme dostali Božiu lásku, musíme tiež ponúknuť samých seba ako príjemnú a upokojujúcu vôňu, ako to urobil Ježiš.

„Pridanie kadidla k jemnej múke" znamená, že ako Ježiš oslávil Boha príjemnou vôňou skrze jeho povahu a skutky, aj my musíme žiť podľa Božieho slova celým naším srdcom a oslavovať ho vydávaním vône Krista. Iba vtedy, keď ponúkame Bohu obetu vďakyvzdania, a zároveň vyžarujeme vôňu Krista, naše obetné dary sa stanú pokrmovou obetou, ktorá si zaslúži Božie prijatie.

2) Nepridávať žiaden kvas ani med

Lev 2, 11 hovorí: „Nijaká pokrmová obeta, ktorú prinesiete Pánovi, nesmie sa zamiesiť s kvasom; nijaký kvas ani med nesmiete spaľovať ako ohňovú obetu Pánovi." Boh prikázal, aby sa nepridával nijaký kvas k chlebu, ktorý mal byť obetovaný Bohu, pretože rovnako ako kvas nakvasí cesto vyrobené z múky, duchovný „kvas" tiež naruší a pokazí obetný dar.

Nemenný a dokonalý Boh chce, aby náš obetný dar zostal neporušený a bol mu prinášaný ako jemná múka - z hlbín nášho srdca. Preto, keď prinášame obety, musíme ich ponúkať s nemenným, čistým a nevinným srdcom s vďačnosťou a láskou k Bohu a vo viere v neho.

Pri prinášaní obetného daru niektorí ľudia myslia na to, ako sú vnímaní ostatnými ľuďmi a dávajú ich len ako formalitu. Iní dávajú so srdcom naplneným smútkom a obavami. Ale ako Ježiš varoval pred kvasom farizejov, ktorým je pokrytectvo, ak dávame navonok predstierajúc, že sme svätí a snažíme sa o uznanie ostatných, naše srdce bude ako pokrmová obeta poškvrnená kvasom a nemá nič s Bohom spoločné.

Preto musíme dávať bez akéhokoľvek kvasu a z hĺbky nášho srdca v láske a vďačnosti k Bohu. Nemali by sme dávať neochotne a bez viery alebo uprostred smútku a obáv. Musíme dávať hojne s pevnou vierou v Boha, ktorý príjme našu obetu a požehná nás v duchu a tele. Boh prikázal, aby žiadna obeta nebola zamiesená s kvasom preto, aby nás naučil duchovný význam.

Ale boli aj časy, kedy Boh dovolil priniesť obety zamiesené s kvasom. Tieto obety neboli spaľované na oltári, ale kňaz nimi pri oltári mával z jednej strany na druhú na vyjadrenie prinášania obety Bohu a priniesol ich späť ľuďom, aby sa o ňu podelili a zjedli ju. Toto sa nazýva „podávaná obeta", pri ktorej bolo dovolené, na rozdiel od pokrmovej obety, pridať kvas, keď došlo k zmene postupu.

Napríklad, ľudia s vierou sa nezúčastňujú len nedeľných služieb uctievania, ale aj všetkých ostatných služieb. Keď sa ľudia slabej viery zúčastnia nedeľných bohoslužieb, ale nie piatkovej celonočnej služby alebo večernej služby v stredu, Boh nepokladá ich správanie za hriešne. Čo sa týka postupov, zatiaľ čo nedeľná služba nasleduje sadu prísnych príkazov, postup služby uctievania s členmi cirkvi alebo doma u členov cirkvi, aj keď tiež dodržiavajú základnú štruktúru pozostávajúcu z posolstva, modlitby a chvál, môžu byť upravené v závislosti od okolností. Hoci Boh chce pevné dodržiavanie základných a nevyhnutných pravidiel, skutočnosť, že Boh necháva priestor pre trochu flexibility v závislosti na okolnostiach človeka alebo miere jeho viery, je duchovným významom ponúkania obety zamiesenej s kvasom.

Prečo Boh zakazuje pridávať med?

Rovnako ako kvas, aj med môže pokaziť vlastnosti jemnej múky. Med tu odkazuje na sladký sirup vyrobený v Palestíne zo šťavy datlí, ktorý môže ľahko kvasiť a skaziť sa. Z tohto dôvodu Boh zakázal poškodenie bezúhonnosti múky pridaním medu. Tiež nám hovorí, že keď ho Božie deti uctievajú alebo prinášajú mu obety, musia to robiť z dokonalého srdca, ktoré neklame ani sa nemení.

Ľudia si môžu myslieť, že pridanie medu zlepší vzhľad obety. Bez ohľadu na to, ako dobre niečo vyzerá v očiach človeka, Boh je potešený dostať to, čo prikázal, a to, čo človek sľúbil, že mu dá. Niektorí ľudia priskoro sľúbia darovať mu niečo konkrétne, ale keď sa zmenia okolnosti, zmenia názor a dajú mu niečo iné. Ale Boh nenávidí, keď ľudia menia názor o niečom, čo Boh prikázal, alebo menia ich myseľ, pokiaľ ide o niečo na získanie vlastných výhod v dielach Ducha Svätého. Preto, ak sa človek zaviazal ponúknuť zviera, mal by ho nutne Bohu ponúknuť, ako je zaznamenané v Lev 27, 9 - 10, ktorý znie: „Ak niekto prináša Pánovi dobytča ako obetný dar, potom všetko, čo človek dáva Pánovi, musí byť sväté. Nesmie zameniť ani nahradiť dobré zlým alebo zlé dobrým. Keď však predsa zamení jedno dobytča za iné, bude sväté to i ono."

Boh chce, aby sme mu dávali s čistým srdcom nielen vtedy, keď dávame obetné dary, ale vo všetkom. Ak je v srdci človeka zakolísanie alebo lož, na základe týchto charakteristických znakov sa zobrazí správanie Bohom neprijateľné.

Napríklad, kráľ Šaul neposlúchol Božie prikázania a zmenil ich podľa vlastného rozhodnutia. Následne neposlúchol Boha. Boh prikázal Šaulovi zničiť kráľa Amálekov, všetkých ľudí a všetky zvieratá. Ale Šaul potom, čo vyhral vojnu Božou mocou, nenasledoval Božie prikázania. Ušetril a priviezol Agaga, kráľa Amálekov, a najlepšie zo zvierat. Dokonca ani po napomenutí sa Šaul nekajal, ale zostal neposlušný, a nakoniec bol Bohom opustený. Nm 23, 19 nám hovorí: „Boh nie je človek, aby klamal, nie je syn človeka, aby ľutoval." Aby sme boli Bohu radosťou, naše srdce musí byť najskôr premenené na čisté srdce. Bez ohľadu na to, ako dobre niečo vyzerá v očiach človeka a podľa jeho spôsobu myslenia, nikdy nesmie robiť to, čo Boh zakázal, a to ani po uplynutí času. Keď človek nasleduje Božiu vôľu s čistým a nemenným srdcom, Boh je potešený, prijíma jeho obety a žehná ho.

Lev 2, 12 hovorí: „Môžete ich priniesť Pánovi ako obetný dar z prvotín, ale na oltár ako príjemná vôňa sa dostať nesmú." Obetný dar musí byť príjemnej vône, ktorú Boh ochotne príjme. Tu nám Boh hovorí, že pokrmová obeta nesmie byť umiestnená na oltári iba za účelom spálenia a vydania vône. Cieľ nášho ponúkania pokrmovej obety nie je v skutku, ale v ponúknutí Bohu vône nášho srdca.

Bez ohľadu na to, koľko dobrých vecí je ponúkaných, ak nie sú ponúkané s druhom srdca, s ktorým je Boh potešený, môže to byť príjemná vôňa pre človeka, ale nie pre Boha. Je to podobné tomu, ako keď deti dávajú dary rodičom so srdcom plným vďačnosti a lásky za milosť, že ich porodili a starali sa o nich v láske, a nielen z povinnosti, je zdrojom pravej radosti rodičov.

Z rovnakého dôvodu, Boh nechce, aby sme dávali zo zvyku a ubezpečili sa, že „sme urobili to, čo sme mali urobiť," ale vydávali vôňu nášho srdca naplneného vierou, nádejou a láskou.

3) Pridať soľ

V Lev 2, 13 čítame: „Ku každej pokrmovej obete pridaj soľ. Soľ zmluvy s tvojím Bohom nesmie chýbať pri nijakej z tvojich pokrmových obiet. S každým obetným darom prines soľ!" Soľ sa v jedle rozpustí, zabraňuje skazeniu potravín a dáva pokrmu chuť tým, že ho okorení.

„Ochutiť soľou" duchovne znamená „vytvárať pokoj". Rovnako ako sa soľ musí v jedle rozpustiť, aby ho ochutila, mať úlohu soli, ktorou môžeme vytvárať pokoj, si vyžaduje obetu smrti. Preto Boží príkaz, aby pokrmová obeta bola ochutená soľou, znamená, že musíme priniesť Bohu obety tým, že obetujeme samých seba, aby sme tak vytvorili pokoj.

Preto musíme najprv prijať Ježiša Krista a byť v pokoji s Bohom bojovaním proti hriechu, zlobe, žiadostivosti a starému ja až po preliatie krvi.

Predpokladajme, že niekto úmyselne pácha hriechy, ktoré Boh nenávidí, a potom prináša Bohu obetu bez toho, aby konal pokánie z hriechov. Boh nemôže ochotne prijať jeho obetu, pretože pokoj medzi týmto človekom a Bohom je už zničený. To je dôvod, prečo žalmista napísal: „Keby som bol mal v srdci zlý úmysel, Pán by ma nebol vypočul" (Ž 66, 18). Boh ochotne prijíma nielen naše modlitby, ale aj naše obety až potom, čo sme sa vzdialili od hriechu, uzavreli s ním pokoj a priniesli mu obetné dary.

Vytváranie pokoja s Bohom si vyžaduje, aby každý človek priniesol obetu smrti samého seba. Rovnako ako apoštol Pavol vyznal „každý deň umieram", len vtedy, keď človek zaprie sám seba a prinesie obetu smrti samého seba, dokáže dosiahnuť pokoj s Bohom.

Musíme byť tiež v pokoji s našimi bratmi a sestrami vo viere. Ježiš nám hovorí v Mt 5, 23 - 24: „Keby si teda prinášal dar na oltár a tam by si sa rozpamätal, že tvoj brat má niečo proti tebe, nechaj svoj dar tam pred oltárom a odíď; najprv sa zmier so svojím bratom a až potom príď a obetuj svoj dar." Boh nepríjme našu obetu rád, keď sa dopúšťame hriechu, konáme v zlobe a trápime našich bratov a sestry v Kristovi.

Aj keď nám brat spôsobil niečo zlé, nesmieme ho nenávidieť alebo voči nemu reptať, ale musíme mu odpustiť a mať s ním pokoj. Bez ohľadu na dôvody, nemôžeme mať svár a spor s našimi bratmi a sestrami v Kristovi ani ich zraniť a spôsobiť ich padnutie. Až potom, čo sme so všetkými ľuďmi vytvorili pokoj a naše srdcia sú naplnené Duchom Svätým, radosťou a vďačnosťou, bude naša obeta „ochutená soľou".

Boží príkaz „pridať soľ" je zároveň jadrom významu zmluvy vo výroku „soľ zmluvy s tvojím Bohom". Soľ je získavaná z morskej vody a voda predstavuje Božie slovo. Rovnako ako má soľ vždy slanú chuť, ani Božie slovo zmluvy sa nikdy nemení.

„Pridať soľ" k obete znamená, že musíme dôverovať nemennej zmluve verného Boha a dávať s celým srdcom. Pri ponúkaní obety vďakyvzdania musíme veriť, že Boh nás určite odmení mierou natlačenou, natrasenou a preplnenou a požehná nám 30, 60, a 100-násobne viac, ako dávame.

Niektorí ľudia hovoria: „Nedávam preto, že za to očakávam požehnanie, ale len tak." Ale Boh je viac potešený vierou človeka, ktorý pokorne hľadá jeho požehnanie. Hebr 11 nám o Mojžišovi hovorí, keď zanechal miesto egyptského princa, že „mal na zreteli budúcu odmenu", ktorú mu Boh dá. Náš Ježiš, ktorý mal tiež na zreteli odmenu, nebral na vedomie poníženie kríža. Pri pohľade na veľké ovocie - slávu, ktorú mu Boh mal dať a spásu ľudstva - Ježiš bol schopný s ľahkosťou zvládnuť ukrutný trest kríža.

Samozrejme, že „mať na zreteli odmenu" je úplne iné ako vypočítavé srdce človeka, ktorý očakáva, že niečo dostane na oplátku za to, že niečo už dal. Aj keď tam nie je žiadna odmena, človek by mal byť v jeho láske k Bohu pripravený vzdať sa aj vlastného života. Avšak, keď človek hľadá požehnanie a chápe srdce nášho Boha Otca, ktorý ho chce požehnať a verí v Božiu moc, jeho skutok poteší Boha ešte viac. Boh sľúbil, že človek bude žať to, čo zasial a dá tým, ktorí hľadajú. Boh je potešený naším prinášaním obety vo viere v jeho Slovo, rovnako ako aj našou vierou, v ktorej prosíme o jeho požehnanie na základe jeho prísľubu.

4) Zvyšok pokrmovej obety zostane Áronovi a jeho synom

Zatiaľ čo spaľovaná obeta bola v plnom rozsahu obetovaná v ohni na oltári, pokrmová obeta bola prinesená ku kňazovi a v ohni na oltári bola Bohu ponúknutá len časť z nej. To znamená, že zatiaľ čo máme Bohu úplne ponúkať celý rad služieb uctievania, obeta vďakyvzdania – pokrmová obeta - je ponúkaná Bohu preto, aby bola použitá pre Božie kráľovstvo a jeho spravodlivosť a jej časti majú byť použité pre kňazov, ktorí sú dnes služobníkmi Pána, a cirkevných pracovníkov. Ako hovorí Gal 6, 6: „Kto je vyučovaný v slove, nech sa rozdelí o všetko, čo má, s tým, kto ho vyučuje," keď členovia cirkvi, ktorí dostali od Boha milosť, prinášajú obety vďakyvzdania, Boží služobníci, ktorí vyučujú Slovo, podieľajú sa na obetách vďakyvzdania.

Pokrmové obety sú dávané Bohu spolu so spaľovanými obetami a slúžia ako model životnej služby, ktorú nám ukázal sám Kristus. Preto s vierou musíme prinášať dary s celým srdcom a v najvyššej možnej miere. Dúfam, že každý čitateľ bude uctievať Boha spôsobom, ktorý je v súlade s Božou vôľou a každý deň získa hojné požehnanie tým, že bude Bohu prinášať obety príjemnej vône, ktoré ho potešujú.

Kapitola 5

Pokojná obeta

„Keď chce niekto obetovať Pánovi pokojnú obetu z hovädzieho dobytka, nech privedie samca alebo samicu, čo nemajú chyby."

Lev 3, 1

1. Význam pokojnej obety

V Lev 3 sú zaznamenané zákony týkajúce sa pokojnej obety. Pokojná obeta zahŕňa zabitie bezchybného zvieraťa, pokropenie jeho krvi po oboch stranách oltára a spálenie jeho tuku v ohni na oltári ako príjemnú vôňu Bohu. Aj keď je proces pokojnej obety podobný procesu spaľovanej obety, je tu viacero rozdielov. Niektorí ľudia nesprávne chápu účel pokojnej obety a myslia si, že je to prostriedok na odpustenie hriechov; základný účel obety za previnenie a obety za hriech je dosiahnutie odpustenia hriechov.

Pokojná obeta je obeta, ktorej cieľom je dosiahnuť pokoj medzi Bohom a nami a ľudia ňou vyjadrujú vďačnosť, dávajú sľuby Bohu a dobrovoľne mu prinášajú dary. Ak sú tieto obety ponúkané obzvlášť ľuďmi, ktorým boli odpustené ich hriechy skrze obetu za hriech a spaľovanú obetu, a teraz majú priame a dôverné spoločenstvo s Bohom, účelom pokojnej obety je byť s Bohom v pokoji, aby tak mohli bezvýhradne dôverovať Bohu v každom aspekte ich života.

Zatiaľ čo pokrmová obeta, ktorá je opísaná v Lev 2, je považovaná za obetu vďakyvzdania, je to tradičná obeta vďakyvzdania ponúkaná vo vďačnosti Bohu, ktorý nás zachránil, chráni a dáva nám každodenný chlieb a odlišuje sa od pokojnej obety a vďačnosti v nej vyjadrenej. Okrem obety vďakyvzdania, ktorú ponúkame v nedeľu, dávame obety vďakyvzdania aj inokedy, keď máme na ďakovanie iné, osobitné dôvody. V pokojnej obete sú zahrnuté aj obety dobrovoľne prinášané na potešenie Boha, aby sme sa oddelili a zostali svätí, a tak mohli žiť podľa Božieho slova a získali od neho splnenie túžob nášho srdca.

Aj keď má pokojná obeta viacero významov, jej najzákladnejším účelom má byť pokoj s Bohom. Keď sme v pokoji s Bohom, On dáva nám silu, vďaka ktorej môžeme žiť podľa pravdy, odpovedá na túžby nášho srdca a dáva nám milosť, ktorou sme schopní splniť všetky sľuby, ktoré sme mu dali. Ako je napísané v 1 Jn 3, 21 – 22: „Milovaní, ak nás srdce neobviňuje, máme istotu v Bohu a o čokoľvek prosíme, dostaneme od neho, lebo zachovávame jeho prikázania a robíme, čo sa mu páči," keď máme v Bohu istotu tým, že žijeme podľa pravdy, budeme s ním žiť v pokoji a zažijeme jeho diela vo všetkom, o čo ho prosíme. Keď ho ešte viac potešíme osobitnými obetami, môžete si predstaviť, o koľko rýchlejšie nám Boh odpovie a požehná nás.

Preto je nutné, aby sme správne pochopili význam pokrmovej obety a pokojnej obety a rozlišovali obetné dary pre pokrmovú obetu od obetných darov pre pokojnú obetu, aby Boh ochotne prijal náš obetný dar.

2. Obetné dary pri pokojnej obete

Boh nám v Lev 3, 1 hovorí: „Keď chce niekto obetovať Pánovi pokojnú žertvu z hovädzieho dobytka, nech privedie samca alebo samicu, čo nemajú chyby." Či už je obetný dar pri pokojnej obete baránok, alebo koza, a či samec, alebo samica, musí byť bez chyby (Lev 3, 6; 12).

Obetným darom pri spaľovanej obete musel byť bezchybný býk alebo baránok. Dôvodom je to, že dokonalý obetný dar pre spaľovanú obetu - pre duchovnú službu uctievania - predstavuje Ježiša Krista, bezúhonného Božieho Syna.

Avšak, ako dávame Bohu pokojnú obetu, aby sme s Ním boli v pokoji, nie je potrebné rozlišovať medzi samcom a samicou, pokiaľ je obetný dar bezchybný. To, že medzi samcom a samicou nie je žiadny rozdiel pri prinášaní pokojnej obety, pochádza z Rim 5, 1: „Keď sme teda ospravedlnení z viery, máme pokoj s Bohom skrze nášho Pána Ježiša Krista." Pri dosahovaní pokoja s Bohom skrze dielo Ježišovej krvi na kríži nie je medzi samcom a samicou žiadny rozdiel.

Keď Boh prikazuje, aby bol obetný dar „bezchybný", praje si, aby sme mu neprinášali obety so zlomeným duchom, ale so srdcom krásneho dieťaťa. Nesmieme dávať s nechuťou alebo s túžbou po uznaní druhých, ale dobrovoľne a s vierou. Dáva zmysel, aby sme prinášali bezúhonný obetný dar pri ponúkaní obety vďakyvzdania za Božiu milosť spásy. Obetný dar Bohu za to, aby sme mu dôverovali v každom aspekte nášho života, aby s nami mohol byť neustále a celú dobu nás chránil, aby sme mohli žiť podľa jeho vôle, musí byť to najlepšie, čo môžeme dať a musí to byť darované s maximálnou starostlivosťou a celým naším srdcom.

Pri porovnávaní obetných darov pri spaľovanej obete a pri pokojnej obete je tu niečo zaujímavé: holubice nie sú pri pokojnej obete spomenuté. Prečo je to tak? Bez ohľadu na to, aký chudobný človek môže byť, spaľovaná obeta musí byť ponúknutá všetkými ľuďmi, a to je dôvod, prečo Boh dovolil prinášanie holubíc, ktoré majú extrémne malú hodnotu.

Napríklad, keď nováčik v živote v Kristovi so slabou a malou vierou navštevuje iba nedeľné bohoslužby, Boh to považuje za jeho spaľovanú obetu. Zatiaľ čo je úplná spaľovaná obeta dávaná Bohu, keď veriaci úplne žijú podľa Božieho slova, udržiavajú priamy a dôverný vzťah s Bohom a uctievajú v duchu a pravde, v prípade nováčika vo viere, ktorý iba dodržiava Pánov deň svätý, Boh to považuje za obetovanie holubice malej hodnoty ako spaľovanú obetu a vedie ho na cestu spásy.

Avšak, pokojná obeta nie je povinná, ale dobrovoľná. Je prinášaná Bohu preto, aby potešovaním Boha človek dostal od neho odpovede a požehnanie. Ak by bola ponúknutá holubica malej hodnoty, stratilo by to význam a zmysel osobitnej obety, a to je dôvod, prečo boli holubice z obetných darov vylúčené.

Predpokladajme, že človek chcel priniesť obetu pre splnenie jeho prísahy alebo sľubu, hlbokej túžby alebo pre získanie Božieho uzdravenia nevyliečiteľnej alebo smrteľnej choroby. S akým druhom srdca by mala byť takáto obeta ponúknutá? Bude pripravená z ešte plnšieho srdca ako obeta vďakyvzdania, ktorá je pravidelne ponúkaná. Boh by bol veľmi potešený, keby sme mu priniesli býka alebo, v závislosti od okolností každého človeka, kravu, ovcu alebo kozu, ale hodnota holubice ako obetného daru by bola príliš bezvýznamná.

Samozrejme, že to neznamená, že „hodnota" obetného daru úplne závisí od jeho peňažnej hodnoty. Keď každý človek pripraví obetný dar s celým srdcom a mysľou a maximálnou starostlivosťou podľa vlastných možností, Boh zhodnotí hodnotu obetného daru na základe duchovnej vône v ňom obsiahnutej.

3. Prinášať pokojnú obetu

1) Položenie ruky na hlavu pokojnej obety a jej zabitie pred vchodom do stanu stretávania

V prípade, že človek, ktorý prináša obetný dar, položí ruku na jeho hlavu pred vchodom do stanu stretávania, pripisuje jeho hriechy tomuto zvieraťu. Keď človek, ktorý prináša pokojnú obetu, položí ruku na obetný dar, označí ho tým za obetný dar ponúkaný Bohu, a tak ho posvätí.

Aby bol náš obetný dar, na ktorý kladieme naše ruky, pre Boha potešujúcou obetou, nesmieme určiť čiastku za základe telesných myšlienok, ale vnuknutím Ducha Svätého. Iba také obetné dary budú s radosťou Bohom prijaté, obetované a posvätené.

Po položení ruky na hlavu obetného daru ho človek, ktorý obetu prináša, zabije pred vchodom do stanu stretávania. V starozákonnej dobe mohli do svätyne vstúpiť iba kňazi a ľudia zabíjali zvieratá pred vchodom do stanu stretávania. Avšak, keďže múr hriechu, ktorý stál v našej ceste k Bohu, bol Ježišom Kristom zničený, môžeme dnes vstúpiť do svätyne, uctievať Boha a mať s ním priame a dôverné spoločenstvo.

2) Áronovi synovia, kňazi, krvou dookola pokropia oltár

Lev 17, 11 nám hovorí: „Veď v krvi je život tela. Určil som

vám ju na oltár na vykonávanie obradov zmierenia za váš život. Krvou, v ktorej je život, získava sa zmierenie." Hebr 9, 22 nám tiež hovorí: „Takto sa podľa zákona skoro všetko očisťuje krvou a bez preliatia krvi niet odpustenia," a pripomína nám, že môžeme byť očistení iba krvou. Pokropenie krvou je pri ponúkaní pokojnej obety Bohu pre dosiahnutie priameho a dôverného duchovného spoločenstva s ním nevyhnutné, pretože my, ktorých vzťah s Bohom bol narušený, bez diela krvi Ježiša Krista s ním nemôžeme byť nikdy v pokoji.

To, že kňazi pokropili krv okolo oltára, znamená, že nech nás naše nohy povedú kamkoľvek a za každých okolností, v ktorých sa nachádzame, pokoj s Bohom je vždy dosiahnutý. Krv je pokropená okolo oltára na znázornenie, že Boh je stále s nami, chodí s nami, chráni nás a žehná nám, kdekoľvek ideme, čokoľvek robíme, a s kýmkoľvek sme.

3) Z obetných darov pokojnej obety je dar spálený v ohni pre Pána

Lev 3 rozvádza spôsoby ponúkania ako pokojnú obetu nielen býkov, ale aj baránkov a kôz. Pretože spôsoby sú takmer rovnaké, zameriame sa na ponúkanie býkov ako pokojnú obetu. Keď porovnáme pokojnú obetu so spaľovanou obetou, vieme, že Bohu sú ponúknuté všetky časti obetného daru stiahnutého z kože. Významom spaľovaných obiet je duchovná služba uctievania, a keďže bolo uctievanie ponúkané Bohu, obetné dary boli úplne spálené.

Ale pri ponúkaní pokojnej obety nie sú ponúkané všetky

časti obetného daru. Ako čítame v Lev 3, 3 - 4: „tuk, ktorým sú obrastené vnútornosti: všetok tuk, čo je na vnútornostiach, obidve obličky aj s tukom, čo je na nich a na slabinách, ako aj lalok pečene. Od obličiek ho však oddelí," tuk, ktorým sú obrastené dôležité vnútornosti zvieraťa, má byť ponúknutý Bohu ako príjemná vôňa. Ponúkať tuk rôznych častí zvieraťa znamená, že musíme byť v pokoji s Bohom, nech sme kdekoľvek a bez ohľadu na okolnosti, v ktorých sa nachádzame.

Byť v pokoji s Bohom si tiež vyžaduje to, aby sme boli v pokoji so všetkými ľuďmi a hľadali svätosť. Až keď sme v pokoji so všetkými ľuďmi, môžeme sa stať dokonalými Božími deťmi (Mt 5, 46 - 48).

Po odstránení tuku z obetného daru, ktorý má byť prinesený Bohu, sú vybraté časti vyhradené pre kňazov. V Lev 7, 34 čítame: „Z obiet spoločenstva Izraelitov som totiž vzal hruď z podávanej obety a stehno z obety pozdvihovania a dal som ich kňazovi Áronovi a jeho synom. To bude pre nich patriť od Izraelitov podľa trvalého ustanovenia." Rovnako, ako boli časti pokrmovej obety vyhradené pre kňaza, aj časti pokojnej obety, ktorú ľudia prinášajú Bohu, sú vyhradené pre živobytie kňazov a Levítov, ktorí slúžia Bohu a jeho ľudu.

Je to rovnaké v novozákonnej dobe. Prostredníctvom obetných darov, ktoré veriaci ponúkajú Bohu, uskutočňuje sa Božie dielo spásy duší a je udržiavané živobytie služobníkov Pána a cirkevných pracovníkov. Po odstránení častí pre Boha a kňazov je zvyšok spotrebovaný človekom, ktorý priniesol obetný dar; toto je charakteristika osobitá len pre pokojnú obetu. To, že človek, ktorý prináša obetný dar, ho aj spotrebuje, znamená, že Boh zjaví, že obetný dar bol hodný jeho potešenia, skrze takých dôkazov, ako sú odpovede a požehnanie.

4. Ustanovenie o tuku a krvi

Keď bolo zviera zabité ako obetný dar pre Boha, kňaz pokropil krv okolo oltára. Okrem toho, keďže všetok loj a tuk patrili Pánovi, boli považované za posvätné a spálené v ohni na oltári ako príjemná vôňa, ktorá potešuje Boha. Ľudia v starozákonnej dobe nejedli žiaden tuk ani žiadnu krv, pretože tuk a krv sa vzťahujú k životu. Krv reprezentuje telesný život a tuk, ako esencia tela, je tiež to isté ako život. Tuk uľahčuje hladký chod a priebeh života.

Aký duchovný význam má „tuk"?

„Tuk" v prvom rade predstavuje maximálnu starostlivosť dokonalého srdca. Spálenie tuku ako obetného daru na ohni znamená, že musíme dať Bohu všetko, čo máme, a všetko, čím sme. To odkazuje na maximálnu starostlivosť a celé srdce, ktorými človek dáva obetné dary hodné Božieho prijatia. Aj keď je dôležitý obsah obety vďakyvzdania, ktorá je prinášaná na oltár na dosiahnutie pokoja potešením Boha, dôležitejším je druh srdca a miera starostlivosti, s ktorými je obetný dar ponúkaný. Ak človek, ktorý v Božích očiach vykonal zlo, prináša obetu pre dosiahnutie pokoja s ním, obetný dar bude musieť byť ponúknutý s väčšou oddanosťou a dokonalejším srdcom.

Samozrejme, že odpustenie hriechu si vyžaduje prinesenie obety za hriech alebo obety za previnenie. Avšak, sú chvíle, kedy človek dúfa, že dosiahne nad rámec získania jednoduchého odpustenia hriechov, ktorým je dosiahnutie pravého pokoja s Bohom tým, že ho poteší. Napríklad, keď dieťa vykonalo svojmu otcovi niečo zlé a veľmi zranilo jeho srdce, otcovo srdce sa môže obmäkčiť a môže byť medzi nimi dosiahnutý pravý pokoj, keď dieťa vynaloží všetko úsilie na to, aby otca potešilo, namiesto jednoduchého ospravedlnenia, že ho to mrzí a získania odpustenia za jeho previnenie.

Okrem toho, „tuk" tiež odkazuje na modlitby a plnosť Ducha Svätého. V Mt 25 nájdeme päť múdrych panien, ktoré si spolu s lampami vzali so sebou v nádobkách aj olej a päť pochabých panien, ktoré si so sebou nevzali žiadny olej, a preto neboli na svadbu pustené. „Olej" tu duchovne predstavuje modlitbu a plnosť Ducha Svätého. Iba vtedy, keď sme dostali plnosť Ducha Svätého skrze modlitbu a bdieme, môžeme sa vyhnúť ušpineniu svetskou žiadostivosťou a čakať na Pána, nášho ženícha, potom, čo sme sa pripravili ako jeho krásne nevesty.

Pokojnú obetu ponúkanú Bohu musí sprevádzať modlitba, aby Boha potešila a získali sme jeho odpovede. Táto modlitba nesmie byť len formalitou; musí byť ponúkaná celým srdcom a so všetkým, čo máme, a všetkým, čím sme, rovnako ako sa Ježišov pot stal kvapkami krvi padajúcimi na zem, keď sa modlil v Getsemanskej záhrade. Každý, kto sa modlí týmto spôsobom, bude s istotou bojovať proti hriechu a odhodí ho, stane sa svätým a zhora získa vnuknutie a plnosť Ducha Svätého. Keď takýto človek ponúka Bohu pokojnú obetu, Boh bude potešený a rýchlo dá jeho odpovede.

Pokojná obeta je obetou ponúkanou Bohu v úplnej dôvere, aby sme mohli viesť vzácny život v spoločenstve s ním a pod jeho ochranou. Keď sa snažíme o pokoj s Bohom, musíme sa odvrátiť od našich ciest, ktoré sú v jeho očiach nesprávne; musíme mu prinášať obety celým srdcom a s radosťou a prostredníctvom modlitby získať plnosť Ducha Svätého. Potom budeme plní nádeje na nebo a budeme viesť víťazné životy tým, že sme s Bohom v pokoji. Dúfam, že každý čitateľ vždy dostane Božie odpovede a požehnanie prostredníctvom modlitby s celým jeho srdcom vo vnuknutí a plnosti Ducha Svätého a bude mu prinášať pokojné obety, ktoré budú v jeho očiach potešujúce.

Kapitola 6

Obeta za hriech

„Ak sa niekto neúmyselne prehreší proti niektorému z príkazov Pána, hoci len jedinému, a urobí niečo zakázané, potom má za spáchaný hriech, ak sa ho dopustil pomazaný kňaz, čím uvalil vinu na ľud, priviesť Pánovi ako obetu mladého, bezchybného býčka."

Lev 4, 2 - 3

1. Význam a druhy obiet za hriech

Našou vierou v Ježiša Krista a dielom jeho krvi sú nám odpustené všetky naše hriechy a získavame spásu. Ale aby bola naša viera uznaná za pravú, nesmieme len perami vyznávať: „Verím", ale dokazovať to skutkom a v pravde. Keď Bohu ponúkneme dôkaz skutkami viery, ktoré Boh uzná, On uvidí našu vieru a odpustí nám naše hriechy.

Ako môžeme vierou získať odpustenie hriechov? Samozrejme, že každé Božie dieťa musí vždy chodiť vo svetle a nikdy nepáchať hriechy. Ale ak stojí múr medzi Bohom a veriacim, ktorý zhrešil, keď ešte nebol dokonalý, potrebuje poznať riešenie a podľa toho konať. Riešenie možno nájsť v Božom slove o obete za hriech.

Ako čítame, obeta za hriech je obetou ponúkanou Bohu ako uzmierenie za hriechy, ktoré sme v našich životoch spáchali, a spôsob sa líši v závislosti od našich Bohom daných povinností a individuálnej miery viery. Lev 4 opisuje obety za hriech, ktoré majú byť prinášané pomazaným kňazom, celou pospolitosťou, kniežaťom a obyčajnými ľuďmi.

2. Obeta za hriech pomazaného kňaza

V Lev 4, 2 – 3 Boh hovorí Mojžišovi: „Povedz Izraelitom: „Ak sa niekto neúmyselne prehreší proti niektorému z príkazov Pána, hoci len jedinému, a urobí niečo zakázané, potom má za spáchaný hriech, ak sa ho dopustil pomazaný kňaz, čím uvalil vinu na ľud, priviesť Pánovi ako obetu mladého, bezchybného

býčka."'"
„Izraeliti" tu duchovne odkazuje na všetky Božie deti. Prípady podľa pasáže „ak sa niekto neúmyselne prehreší proti niektorému z príkazov Pána, hoci len jedinému, a urobí niečo zakázané," sú všetky, keď je porušený Boží zákon, ktorý sa nachádza v jeho Slove v 66 knihách Biblie, a ktorý Boh „zakázal porušiť".

Keď kňaz - v dnešnom slova zmysle služobník, ktorý učí a hlása Božie slovo - porušuje Boží zákon, odplata za hriech postihne aj ľudí. Keďže neučí jeho stádo pravdu alebo podľa nej sám nežije, jeho hriech je smrteľný; aj keď sa prehrešil neúmyselne, je mimoriadne nepríjemné, keď služobník nepochopí Božiu vôľu.

Napríklad, ak služobník nesprávne učí pravdu, jeho stádo uverí jeho slovám; vzdoruje Božej vôli; a kostol ako celok postaví múr hriechu medzi Bohom a nimi. On nám povedal: „Buďte svätí," „Vyhýbajte sa každej podobe zla" a „Bez prestania sa modlite." Čo by sa stalo, keby služobník povedal: „Ježiš nás vykúpil zo všetkých našich hriechov. Preto sme spasení vtedy, keď chodíme do kostola." Ako nám hovorí Ježiš v Mt 15, 14: „Ak slepec vedie slepého, obaja spadnú do jamy," odplata za hriech služobníka bude veľká, pretože aj služobník, aj stádo sa vzdialia od Boha. Ak kňaz spácha hriechy a „uvalí tak vinu na ľud", musí ponúknuť Bohu obetu za hriech.

1) Prinášanie bezchybného býčka ako obety za hriech

Keď pomazaný kňaz spácha hriech a „uvalí tak vinu na ľud", musí vedieť, že odplata za jeho hriech bude veľká. V 1 Sam 2

- 4 nájdeme, čo sa stalo, keď synovia kňaza Elího zhrešili tým, že brali obetné dary ponúkané Bohu. Keď Izrael prehral vojnu proti Filištíncom, synovia Elího boli zabití a 30 000 izraelských pešiakov prišlo o život. Dokonca prišli o Božiu archu, čo len spôsobilo ešte väčšie utrpenie Izraela ako celku.

To je dôvod, prečo musela byť obeta zmierenia najcennejšia zo všetkých: mladý, bezchybný býčok. Spomedzi všetkých obetných darov Boh najradšej prijíma býkov a baránkov, pričom hodnota býkov je vyššia. Na obetu za hriech kňaz musí ponúknuť nie hocijakého býka, ale bezchybného býka; a to duchovne znamená, že obeta nemôže byť ponúkaná neochotne alebo bez radosti; každá obeta musí byť dokonalou živou obetou.

2) Prinášať obetu za hriech

Kňaz prinesie býka, ktorý má byť ponúknutý Bohu ako obeta za hriech, ku vchodu do stanu stretávania; položí na neho ruku; zabije ho; vezme trochu z krvi býka a prinesie ju k stanu stretávania; namočí si prst v krvi a sedemkrát ňou pred Pánom pokropí oponu svätyne (Lev 4, 4 - 6). Položenie ruky na hlavu býka znamená pripočítanie hriechov človeka na zviera. Keďže človek, ktorý sa dopustil hriechov, by mal zomrieť, položením ruky na hlavu obetného daru človek získal odpustenie hriechov ich pripísaním na zviera a následným zabitím zvieraťa.

Kňaz potom vezme trochu krvi, namočí si v nej prst a pokropí ňou oponu svätyne vo vnútri stanu stretávania. „Opona svätyne" je hrubá opona, ktorá oddeľuje svätyňu od veľsvätyne. Obety nie sú vo všeobecnosti ponúkané vo vnútri svätyne, ale na oltári na nádvorí chrámu; avšak, kňaz vstúpi do svätyne s krvou obety za hriech a pokropí ňou oponu svätyne tesne pred veľsvätyňou, v ktorej prebýva Boh. Namáčanie prsta v krvi symbolizuje akt prosby o odpustenie. Znamená to, že človek neľutuje iba perami alebo sľubmi, ale tiež prináša ovocie pokánia skutočným odhodením hriechu a zla. Namočiť prst v krvi a „sedemkrát" ňou pokropiť – „sedem" je dokonalým číslom v duchovnej oblasti - znamená, že človek úplne odhodí jeho hriechy. Človek môže získať úplné odpustenie až potom, čo úplne odhodil jeho hriechy a znova nehreší.

Kňaz tiež krvou potrie rohy oltára na pálenie voňavého kadidla pred Pánom v stane stretávania a zvyšnú krv vyleje na spodnú časť oltára na spaľované obety pri vchode do stanu stretávania (Lev 4, 7). Oltár na pálenie voňavého kadidla - kadidlový oltár - je oltár pripravený na pálenie kadidla; keď bolo kadidlo zapálené, Boh prijal toto kadidlo. Navyše, rohy v Biblii predstavujú kráľa a jeho dôstojnosť a autoritu; vzťahujú sa na Kráľa, nášho Boha (Zjv 5, 6). Potrieť krvou rohy oltára na pálenie voňavého kadidla slúži ako dôkaz, že obeta bola prijatá Bohom, naším Kráľom.

Ako môžeme dnes konať pokánie tak, aby ho Boh prijal? Ako už bolo spomenuté predtým, hriech a zlo boli odhodené namočením prsta v krvi obety za hriech a pokropením touto krvou. Po uvedomení si našich hriechov a konaní pokánia z nich, musíme prísť do svätyne a vyznať hriech v modlitbe. Ako boli krvou obety potreté rohy oltára, aby ju Boh prijal, musíme prísť pred autoritu Boha, nášho Kráľa, a ponúknuť mu modlitbu pokánia. Musíme prísť do svätyne, pokľaknúť a modliť sa v mene Ježiša Krista uprostred diel Ducha Svätého, ktorý umožní, aby na nás zostúpil duch pokánia.

To však neznamená, že s pokáním musíme počkať, až kým neprídeme do svätyne. V okamihu, keď vieme, že sme vykonali voči Bohu niečo zlé, musíme ihneď konať pokánie a odvrátiť sa od našich ciest. Príchod do svätyne tu predstavuje nedeľu, deň Pána.

Zatiaľ čo v starozákonnej dobe mohli s Bohom komunikovať len pomazaní kňazi, keďže Duch Svätý si v srdci každého z nás urobil príbytok, môžeme sa dnes modliť a mať priame a dôverné spoločenstvo s Bohom uprostred diel Ducha Svätého. Modlitba pokánia môže byť tiež ponúkaná samostatne uprostred diel Ducha Svätého. Majte však na pamäti, že všetky ponúkané modlitby sú zdokonalené dodržiavaním Pánovho dňa svätým.

Človek, ktorý nedodržiava deň Pána svätý, nemá žiadny dôkaz, že je duchovne Božím dieťaťom a nemôže získať odpustenie, aj keď sám ponúka modlitbu pokánia. Pokánie je bezpochybne prijaté Bohom nielen vtedy, keď človek sám ponúka modlitbu pokánia potom, čo si uvedomil, že zhrešil, ale aj keď formálne znovu ponúka modlitby pokánia v deň Pána v Božej svätyni.

Po potretí rohov oltára na pálenie voňavého kadidla krvou, zvyšok krvi sa vyleje na spodnú časť oltára na spaľované obety. Toto je skutok úplného ponúknutia krvi Bohu, ktorá je životom obetného daru, a duchovne to znamená, že konáme pokánie úplne oddaným srdcom. Získanie odpustenia hriechov spáchaných voči Bohu si vyžaduje pokánie celým naším srdcom a mysľou v najväčšej a najúprimnejšej snahe. Nikto, kto dáva Bohu pravé pokánie, by sa neodvážil pred Bohom rovnaký hriech znova spáchať.

Potom kňaz odstráni z býka obety za hriech všetok tuk a spáli ho na oltári na spaľované obety, čo je rovnaký postup ako pri pokojnej obete, a jeho kožu, všetko jeho mäso s hlavou, hnátmi, vnútornosťami a trusom vynesie za tábor, kde sa vysypával popol, a spáli ich na dreve (Lev 4, 8 - 12). „Spáliť v ohni" znamená, že vlastné ja človeka je v pravde zničené a prežije len pravda.

Rovnako ako je odstránený tuk z pokojnej obety, aj tuk z obety za hriech je odstránený a spálený v ohni na oltári. Spálenie tuku býka v ohni na oltári nám hovorí, že iba pokánie ponúknuté z celého srdca, mysle a vôle bude Bohom prijaté.

Zatiaľ čo všetky časti obetného daru boli pri spaľovanej obete spaľované v ohni na oltári, pri obete za hriech boli všetky časti okrem tuku a obličiek spálené na dreve v ohni mimo tábor, kde sa vysýpal popol. Prečo to bolo tak?

Keďže spaľovaná obeta je pravá služba uctievania na potešenie Boha a dosiahnutie spoločenstva s ním, je spálená v ohni na oltári v chráme. Avšak, pretože obeta za hriech nás má vykúpiť z nečistých hriechov, nemôže byť spálená v ohni na oltári vnútri chrámu a je úplne spálená na mieste, ktoré je ďaleko od miesta, kde žijú ľudia.

Aj dnes sa musíme snažiť úplne odhodiť hriechy, z ktorých sme pred Bohom konali pokánie. Musíme spáliť ohňom Ducha Svätého aroganciu, pýchu, starého človeka z doby, keď sme patrili svetu, skutky hriešneho tela, ktoré sú pred Bohom nesprávne, a podobne. Obeta spálená v ohni - býk – mala pripísané hriechy človeka, ktorý naň položil ruku. Preto od tej chvíle človek musel vyjsť ako živá obeta, s ktorou je Boh potešený.

Čo teda musíme urobiť v dnešnej dobe?

Duchovný význam medzi vlastnosťami býka, ktorý mal byť obetovaný, a vlastnosťami Ježiša, ktorý zomrel, aby nás vykúpil z hriechu, bol už vysvetlený. Preto, ak konáme pokánie a spálime v ohni všetky časti obety, od tej chvíle musíme sa aj my, ako obeta daná Bohu, premeniť rovnakým spôsobom, ako sa náš Pán stal obetou za hriech. Usilovnou službou členom cirkvi v mene nášho Pána musíme umožniť veriacim uľahčenie bremena a poskytovať len pravdu a dobré veci. Obetovaním sa našim členom cirkvi a pomáhaním pri kultivovaní pôdy ich sŕdc so slzami v očiach, vo vytrvalosti a modlitbe, musíme premeniť našich bratov a sestry v pravé a sväté Božie deti. Boh bude potom považovať pokánie za pravé a povedie nás na ceste požehnania.

Aj keď nie sme služobníkmi, ako čítame v 1 Pt 2, 9: „Vy však ste vyvolený rod, kráľovské kňazstvo, jeho vlastný svätý národ," my všetci, ktorí veríme v Pána, musíme sa stať takými dokonalými ako kňazi a pravými Božími deťmi.

Okrem toho, obetný dar na očistenie od hriechov, ktorý ponúkame Bohu, musí sprevádzať pokánie. Každý, kto hlboko ľutuje jeho previnenie a koná z neho pokánie, bude prirodzene vedený k prineseniu obety, a keď sú tieto skutky sprevádzané týmto druhom srdca, môže byť považovaný za človeka hľadajúceho pred Bohom úplné pokánie.

3. Obeta za hriech celej pospolitosti

„Ak celá izraelská pospolitosť spácha niečo neúmyselne, bez toho, aby si to zhromaždenie uvedomilo, a koná proti niektorému z Pánových príkazov, čo sa konať nesmie, previní sa. Keď si potom ľud spáchaný hriech uvedomí, zhromaždenie privedie mladého býčka pred stan stretávania ako obetu za hriech." (Lev 4, 13 – 14)

V dnešnom slova zmysle sa „hriech celej pospolitosti" vzťahuje na hriech celého kostola. Napríklad, niekedy sa v kostole vytvoria medzi služobníkmi, staršími a staršími diakonkami frakcie a spôsobujú problémy celej pospolitosti. Akonáhle sa frakcie vytvoria a začnú spory, kostol ako celok začne páchať hriechy a vytvorí medzi Bohom a členmi cirkvi vysoký múr hriechu, pretože väčšina z nich bude pod vplyvom sporov a budú o ostatných členoch rozprávať zlé veci alebo prechovávať voči nim zlé pocity.

Dokonca aj Boh nám povedal, aby sme milovali našich nepriateľov, slúžili druhým, pokorili sa, boli so všetkými ľuďmi v pokoji a usilovali sa o svätosť. Aké nepríjemné a poľutovaniahodné je pre Boha to, keď je medzi služobníkmi Pána a ich stádami nesvár, alebo ak bratia a sestry v Kristovi stoja proti sebe? Ak k takýmto incidentom dochádza v kostole, nedostane Božiu ochranu; nedôjde k oživeniu a v domácnostiach a firmách jeho členov nastanú ťažkosti.

Ako môžeme získať odpustenie hriechu celej pospolitosti? Ak je odhalený hriech celej pospolitosti, pred stan stretávania musí byť privedený býk. Starší potom položia ruky na hlavu obetného daru, zabijú ho pred Pánom a obetujú Bohu rovnakým spôsobom ako pri obete za hriech kňaza. Obetný dar pri obete za hriech kňaza a pri obete za hriech celej pospolitosti je rovnaký v hodnote a vzácnosti. To znamená, že v Božích očiach je veľkosť hriechu spáchaného kňazmi a celej pospolitosti rovnaká.

Ale zatiaľ čo obetný dar pri obete za hriech kňaza má byť bezchybný býk, obetný dar pri obete za hriech celej pospolitosti hriech musí byť jednoducho býk. Dôvodom je to, že pre celú pospolitosť nie je ľahké byť jedným srdcom a priniesť obetu v radosti a vďačnosti.

Keď v dnešnej dobe zhreší kostol ako celok a chce konať pokánie, je možné, že medzi jeho členmi sú ľudia bez viery alebo ľudia, ktorí s nepokojom v srdci odmietajú konať pokánie. Vzhľadom k tomu, že nie je ľahké pre celú pospolitosť priniesť Bohu bezchybný obetný dar, Boh v tomto ukázal jeho milosrdenstvo. Aj keď zopár ľudí nie je schopných priniesť obetu s celým srdcom, keď väčšina členov kostola koná pokánie a odvráti sa od ich ciest, Boh príjme obetu za hriech a odpustí im.

Keďže nie každý člen kostola je schopný položiť ruku na hlavu obetného daru, starší pospolitosti v ich mene položia na obetný dar ich ruky, keď celá pospolitosť prináša Bohu obetu za hriech.

Zvyšok postupu je vo všetkých ďalších krokoch rovnaký ako pri obete za hriech kňaza, od namočenia prsta kňaza v krvi obetného daru, sedemnásobného pokropenia opony svätyne, potretím krvou rohov oltára na pálenie voňavého kadidla a spálenie zvyšných častí obetného daru za táborom. Duchovný význam týchto postupov je úplné odvrátenie sa od hriechu. Zároveň musíme v Božej svätyni ponúknuť modlitbu pokánia v mene Ježiša Krista a skrze diela Ducha Svätého, aby bolo pokánie oficiálne prijaté. Potom, čo týmto spôsobom celá pospolitosť vykoná pokánie s jedným srdcom, hriech sa už nesmie nikdy opakovať.

4. Obeta za hriech kniežaťa

V Lev 4, 22 - 24 čítame:

„Ak zhreší knieža tak, že neúmyselne prestúpi niektorý z príkazov Pána, svojho Boha, urobí niečo, čo sa robiť nesmie, previní sa. Keď ho však upozornia, že sa dopustil hriechu, privedie ako obetný dar capa, bezchybného samca. Potom na hlavu capa položí ruku a zabije ho tam, kde sa zabíjajú spaľované obety pred Pánom. Taká je obeta za hriech."

Aj keď „kniežatá" majú nižšiu pozíciu ako kňazi, ich úlohou je viesť a v porovnaní s obyčajnými ľuďmi patria k inej triede.

Preto kniežatá ponúkajú Bohu capov. Pri obete za hriech majú nižšiu hodnotu ako býky ponúkané kňazmi, ale vyššiu hodnotu ako kozy ponúkané obyčajnými ľuďmi.

V dnešnom slova zmysle sú v kostole „kniežatmi" vodcovia tímu alebo skupiny, alebo učitelia nedeľnej školy. Kniežatá sú tí, ktorí slúžia vedením členov kostola. Na rozdiel od obyčajných členov alebo nováčikov vo viere boli pred Bohom oddelení, a ako takí, aj v prípade, že spáchali rovnaké hriechy, musia Bohu priniesť väčšie ovocie pokánia.

V minulosti knieža položil ruku na hlavu bezchybného capa, aby mu pripísal jeho hriechy, a potom ho pred Bohom zabil. Knieža získal odpustenie, keď kňaz namočil prst v krvi, potrel ňou rohy oltára na spaľovacie obety, a zvyšok krvi obetného daru vylial na spodnú časť oltára na spaľované obety. A ako to je pri pokojných obetiach, aj tu bol tuk spálený v ohni na oltári.

Na rozdiel od kňaza, knieža sedemkrát nepokropí krvou obetného daru oponu svätyne; jeho pokánie zobrazí tým, že potrie krvou rohy oltára na spaľovanú obetu a Boh to príjme. Dôvodom je to, že miera viery kňaza je iná ako kniežaťa. Keďže kňaz už po pokání nesmel nikdy znovu zhrešiť, sedemkrát musel pokropiť krvou obetného daru, čo duchovne predstavuje dokonalé číslo.

Ale knieža môže nevedomky znovu zhrešiť, a z toho dôvodu mu nie je prikázané, aby sedemkrát pokropil krvou obetného daru. Toto je znamenie lásky a milosrdenstva Boha, ktorý chce prijať pokánie každého človeka podľa miery jeho viery a odpustiť mu. Až doteraz bol pri obete za hriech „kňaz" nazývaný

„služobníkom" a „knieža" zase „pracovníkom na vedúcej pozícii". Avšak, tieto referencie nie sú obmedzené len na Bohom dané povinnosti v rámci kostola, ale tiež odkazujú na mieru viery každého veriaceho.

Služobník by mal byť svätý vo viere, a potom poverený vedením stáda veriacich. Je prirodzené, aby viera človeka na vedúcej pozícii, či už je to vodca tímu alebo skupiny, alebo učiteľ nedeľnej školy, bola na inej úrovni ako obyčajných veriacich, aj keď ešte nedosiahol úplnú svätosť. Vzhľadom k tomu, že miera viery sa líši medzi služobníkom, vodcom a obyčajným veriacim, závažnosť hriechu a úroveň pokánia, po ktorom Boh túži, je iná, aj keď všetci spáchali rovnaký hriech.

To však neznamená, že je prípustné, aby si veriaci myslel: „Vzhľadom k tomu, že moja viera ešte nie je dokonalá, Boh mi dá ďalšiu šancu, aj keď neskôr zhreším znova," a bude konať pokánie s takýmto srdcom. Odpustenie skrze pokánie nebude od Boha získané, keď človek vedome a dobrovoľne pácha hriech, ale len vtedy, keď človek zhrešil nevedome a uvedomil si až neskôr, že spáchal hriech, a preto prosil o odpustenie. Okrem toho, akonáhle spáchal hriech a oľutoval ho, Boh príjíma pokánie, len keď vynaloží všetko úsilie s vrúcnou modlitbou nikdy rovnaký hriech znovu nespáchať.

5. Obeta za hriech obyčajných ľudí

„Obyčajní ľudia" sú ľudia malej viery alebo obyčajní členovia kostola. Keď obyčajní ľudia zhrešia, robia to v stave malej viery, a preto je váha ich hriechu menšia ako kňaza alebo kniežaťa. Obyčajný človek musí ako obetu za hriech ponúknuť Bohu kozu, ktorej hodnota je nižšia ako bezchybného capa. Ako je to v prípade obety za hriech kňaza alebo kniežaťa, kňaz namočí prst v krvi obetného daru za hriech obyčajného človeka, potrie ňou rohy oltára na spaľované obety a zvyšok vyleje pri oltári.

Aj keď je tu pravdepodobnosť, že obyčajný človek môže v dôsledku malej viery neskôr znovu zhrešiť, keď koná pokánie a v pokání za spáchané hriechy si roztrhne srdce, Boh mu preukáže milosrdenstvo a odpustí mu. Okrem toho, vzhľadom na spôsob Božieho príkazu, že musí byť ponúknutá „koza", môžeme povedať, že hriechy spáchané na tejto úrovni sú ľahšie odpustiteľné ako tie, ktoré potrebujú ako obetný dar capa alebo baránka. To však neznamená, že Boh pripúšťa striedme pokánie; človek musí ponúknuť Bohu pravé pokánie s rozhodnutím už nikdy nezhrešiť.

Keď si človek s malou vierou uvedomí jeho hriechy, koná z nich pokánie a vynaloží všetko úsilie na to, aby znovu rovnaký hriech nespáchal, to, ako často bude páchať hriechy, zníži sa z desaťkrát na päťkrát, z päťkrát na trikrát, a nakoniec bude schopný úplne ich odhodiť. Boh prijíma pokánie, ktoré je sprevádzané ovocím. Neprijíma pokánie ani od nováčika vo viere, ak je jeho pokánie iba perami bezo zmeny srdca.

Boh sa bude radovať a bude milovať nováčika vo viere, ktorý ihneď koná pokánie z hriechov, akonáhle si uvedomí, že zhrešil a usilovne ich odhodí. Namiesto ubezpečovania sa slovami:

„Toto je miera mojej viery, takže to pre mňa stačí," a to nielen v pokání, ale aj v modlitbe, uctievaní a v každom ďalšom aspekte života v Kristovi, keď sa človek snaží nad rámec jeho vlastných schopností, dosiahne ešte viac Božej lásky a požehnania.

Keď si človek nemohol dovoliť obetovať kozu, a preto obetoval baránka, aj baránok musel byť bezchybnou samicou (Lev 4, 32). Chudobní ľudia ponúkali dve hrdličky alebo dva holúbky, a ešte chudobnejší ponúkali malé množstvo múky (Lev 5, 7; 11). Boh spravodlivosti takto klasifikoval a prijímal obety za hriech podľa miery viery každého človeka.

Až doteraz sme preberali to, ako sa očistiť a byť s Bohom v pokoji preskúmaním obiet za hriech, ktoré sú ponúkané Bohu ľuďmi na rôznych pozíciách a s rôznymi povinnosťami. Dúfam, že každý čitateľ bude s Bohom v pokoji neustálym kontrolovaním jeho Bohom danej povinnosti a stavu jeho viery, ako aj dôkladným pokáním z akýchkoľvek previnení a hriechov, kedykoľvek na jeho ceste k Bohu stojí múr hriechu.

Kapitola 7

Obeta za previnenie

„Ak sa niekto ťažko spreneverí tým, že sa neúmyselne prehreší proti svätým veciam Pána, nech za svoju vinu prinesie Pánovi bezchybného barana zo svojho stáda, ktorého cena sa stanoví v šekloch striebra podľa váhy šekla svätyne ako obeta za previnenie."

Lev 5, 15

1. Význam obety za previnenie

Obeta za previnenie je prinášaná Bohu ako odškodné za spáchaný hriech. Keď Boží ľud spácha voči Bohu hriech, musia mu priniesť obetu za previnenie a konať pred ním pokánie. Ale v závislosti od druhu hriechov, človek, ktorý spáchal hriech, musí nielen odvrátiť jeho srdce od hriešnych ciest, ale tiež musí prevziať zodpovednosť za jeho previnenia. Napríklad, človek si požičal niečo, čo patrí jeho priateľovi, ale náhodou to poškodil. Teraz nemôže len povedať: „Prepáč." Musí sa nielen ospravedlniť, ale aj priateľovi škodu nahradiť. V prípade, že človek nemôže uhradiť to, čo zničil, musí priateľovi za spôsobenú stratu zaplatiť ekvivalentnú sumu. Toto je pravé pokánie.

Ponúkať obetu za previnenie predstavuje vytváranie pokoja odškodnením alebo prevzatím zodpovednosti za previnenie. To isté platí pre konanie pokánia pred Bohom. Ako musíme nahradiť škody spôsobené našim bratom a sestrám v Kristovi, musíme aj Bohu ponúknuť skutky správneho pokánia potom, čo sme proti nemu zhrešili, aby bolo naše pokánie úplné.

2. Okolnosti a spôsoby prinášania obety za previnenie

1) Po vykonaní krivej výpovede

Lev 5, 1 nám hovorí: „Ak sa niekto previní tým, že počul vysloviť kliatbu, bol toho očitým svedkom alebo sa o tom dozvedel, no neoznámil to, uvalí na seba vinu." Sú prípady, kedy ľudia podajú krivú výpoveď, keď sú v stávke ich vlastné záujmy, a to aj potom, čo prisahali povedať pravdu. Predpokladajme, napríklad, že vaše vlastné dieťa sa dopustilo trestného činu, ale bol z neho obvinený nevinný človek. Ak by ste stáli na lavici svedkov, veríte, že by ste boli schopní poskytnúť pravdivé svedectvo? Ak by ste mlčali s cieľom ochrániť vaše dieťa, a tým uškodili ostatným, ľudia nemusia poznať pravdu, ale Boh všetko vidí. Preto svedok musí vypovedať presne tak, ako videl a počul, aby prostredníctvom spravodlivého procesu nikto nemusel neprávom trpieť.

Je to rovnaké v našom každodennom živote. Mnohí ľudia nie sú schopní správne opísať, čo videli a počuli, a vlastným úsudkom podávajú nesprávne informácie. Niektorí ľudia podávajú krivé výpovede vymýšľaním príbehov, ako keby niečo videli, čo v skutočnosti nevideli. V dôsledku týchto krivých výpovedí sú nevinní ľudia mylne obvinení z trestných činov, ktoré nespáchali, a tým nespravodlivo trpia. V Jak 4, 17 nájdeme: „A tak kto vie dobre robiť a nerobí, má hriech." Božie deti, ktorí poznajú pravdu, musia všetko rozoznávať pravdou a poskytovať správne výpovede, aby sa nikto neocitol v ťažkostiach alebo mu bolo ublížené.

Ak sa v našom srdci usídli dobrota a pravda, budeme vždy o všetkom hovoriť pravdivo. Nebudeme hovoriť zle o ostatných ľuďoch ani nikoho obviňovať, skresľovať pravdu alebo dávať nepodstatné odpovede. Ak niekto ublížil ostatným ľuďom vyhýbaním sa výpovede v prípade potreby alebo podávaním krivej výpovede, musí priniesť Bohu obetu za previnenie.

2) Po príchode do styku s nečistotou
V Lev 5, 2 – 3 čítame:

„Alebo ak sa niekto dotkne niečoho nečistého, či zdochliny nečistej divej zveri, alebo zdochliny nečistého domáceho zvieraťa, alebo zdochliny nečistého plaza, aj keď o tom nevedel, je nečistý a previní sa; alebo ak sa dotkne ľudskej nečistoty, či akejkoľvek nečistoty, ktorou sa môže poškvrniť, aj keď o tom nevie, no potom sa to dozvie, previní sa."

„Niečo nečisté" sa tu duchovne vzťahuje na každé nepravdivé správanie, ktoré je proti pravde. Takéto správanie zahŕňa všetko, čo sme videli, počuli alebo povedali, ako aj to, čo sme cítili v tele a v srdci. Sú veci, ktoré sme pred spoznaním pravdy nepovažovali za hriešne. Ale po spoznaní pravdy začneme považovať rovnaké veci v Božích očiach za nesprávne. Napríklad, keď sme ešte nepoznali Boha, mohli sme sa stretnúť s násilím a takými oplzlými materiálmi ako pornografia, ale v tej dobe sme si neuvedomili, že tieto veci sú nečisté. Avšak, potom, čo sme začali viesť život v Kristovi, dozvedeli sme sa, že takéto veci sú proti pravde. Akonáhle si uvedomíme, že sme konali veci, ktoré sú v pravde považované za nečisté, musíme konať pokánie a priniesť Bohu obetu za previnenie.

Ale aj v našom živote v Kristovi sú chvíle, keď neúmyselne vidíme a počujeme zlé veci. Bolo by dobré, keby sme dokázali ustrážiť si srdce i potom, čo sme také veci videli alebo počuli. Napriek tomu, pretože je tu možnosť, že veriaci nemusí byť schopný ochrániť si srdce, ale príjme pocity, ktoré sprevádzajú takéto nečistoty, po uvedomení si svojho hriechu ho musí ihneď oľutovať a priniesť Bohu obetu za previnenie.

3) Po prísahe

Lev 5, 4 znie: „Alebo ak sa niekto nerozvážne zaprisahá, že vykoná niečo zlé alebo dobré, všetkým, čím sa človek nerozvážne pod prísahou zaviaže, aj keď nevie, že sa to nemá, a potom sa to dozvie, previní sa." Boh nám zakázal prisahať „vykonať niečo zlé alebo dobré".

Prečo nám Boh zakazuje prisahať, dávať sľuby alebo zaväzovať sa prísahou? Je prirodzené, že Boh nám zakazuje prisahať „konať zlo", ale tiež nám zakazuje prisahať „konať dobro", pretože človek nie je schopný 100% dodržať to, čo prisahal (Mt 5, 33 - 37; Jak 5, 12). Ľudské srdce kolíše podľa vlastných výhod a pocitov a človek nedodržiava to, čo sľúbil, až kým nie je zdokonalený pravdou. Navyše, sú chvíle, kedy nepriateľ diabol a satan zasahujú do života veriacich a bránia im v plnení ich prísahy, aby tak mohli vytvárať dôvody pre obvinenie veriacich. Zoberme si tento extrémny príklad: Predpokladajme, že niekto prisahal: „Zajtra urobím to aj to," ale dnes náhle zomrel. Ako by mohol splniť jeho prísahu?

Z tohto dôvodu je potrebné nikdy neprisahať konať zlo, a to ani v prípade, že človek namiesto prísahy sľubuje konať dobro, musí sa modliť k Bohu a hľadať silu. Napríklad, ak ten istý človek sľúbil neprestajne sa modliť, namiesto sľubu: „Každý deň budem chodiť na nočné modlitebné stretnutie," mal by sa modliť slovami: „Bože, prosím Ťa, pomôž mi, aby som sa neprestajne modlil a chráň ma pred zásahmi nepriateľa diabla a satana." Ak niekto chvatne prisahal, musí konať pokánie a priniesť Bohu obetu za previnenie.

Ak je vo vyššie uvedených prípadoch spáchaný hriech, daný človek „nech prinesie Pánovi obetu za previnenie, ktorého sa dopustil, samicu zo stáda, buď ovcu alebo kozu. Kňaz vykoná zaňho obrad zmierenia za jeho hriech" (Lev 5, 6).

Prinášanie obety za hriech je prikázané spolu s vysvetlením obety za previnenie. Dôvodom je to, že za hriechy, za ktoré musí byť prinesená obeta za previnenie, musí byť prinesená aj obeta za hriech. Obeta za hriech, ako bolo vysvetlené vyššie, je konať pred Bohom pokánie po spáchaní hriechu a úplné odvrátenie sa od tohto hriechu. Ale tiež bolo vysvetlené, že keď si hriech vyžaduje nielen odvrátenie srdca človeka od hriešnych ciest, ale aj to, aby prevzal zodpovednosť, obeta za previnenie urobí jeho pokánie dokonalým, keď vynahradí škodu za stratu alebo zranenie, alebo preberie zodpovednosť prostredníctvom určitých skutkov.

Za takýchto okolností človek musí nielen nahradiť škodu, ale tiež priniesť Bohu obetu za previnenie sprevádzanú obetou za hriech, pretože zároveň musí konať pokánie pred Bohom. Aj v prípade, že človek spôsobil ujmu inému človeku, keďže spáchal hriech, ktorý ako Božie dieťa nemal spáchať, musí tiež konať pokánie pred jeho nebeským Otcom.

Predpokladajme, že brat oklamal svoju sestru a zmocnil sa majetku, ktorý jej patrí. V prípade, že brat chce konať pokánie, musí si najprv pred Bohom roztrhnúť srdce v pokání a odhodiť chamtivosť a podvod. Potom musí získať odpustenie od jeho sestry, ktorej spôsobil škodu. Preto sa musí ospravedlniť nielen perami, ale musí aj nahradiť škodu za celú stratu, ktorá v dôsledku jeho skutku sestre vznikla. Bratova „obeta za hriech" je skutok odvrátenia sa od jeho hriešnych ciest a konanie pokánia pred Bohom, a jeho „obeta za previnenie" je skutok pokánia tým, že hľadá sestrine odpustenie a vynahradí jej vzniknutú stratu.

V Lev 5, 6 Boh prikazuje, že pri prinášaní obety za hriech, ktorá sprevádza obetu za previnenie, musí byť obetovaná samica zo stáda, buď ovca alebo koza. V nasledujúcom verši čítame, že každý, kto si nemôže dovoliť ovcu alebo kozu, musí ako obetu za previnenie ponúknuť dve hrdličky alebo dva holúbky. Majte na pamäti, že sú ponúkané dva vtáky. Jeden je dávaný ako obeta za hriech a druhý ako spaľovaná obeta.

Prečo Boh prikázal, aby bola spolu s obetou za hriech prinášaná aj spaľovaná obeta v podobe dvoch hrdličiek alebo dvoch holúbkov? Spaľovaná obeta predstavuje dodržanie dňa Pána svätým. V duchovnom uctievaní je to dar nedeľnej služby Bohu. Preto darovanie dvoch hrdličiek alebo dvoch holúbkov ako obety za hriech spolu so spaľovanou obetou nám hovorí, že pokánie daného človeka je zdokonalené jeho dodržaním Pánovho dňa svätým. Dokonalé pokánie si vyžaduje nielen pokánie vo chvíli, keď si človek uvedomí, že zhrešil, ale tiež jeho vyznanie hriechov a pokánie v Božej svätyni v deň Pána.

Ak je človek taký chudobný, že nemôže ponúknuť ani hrdličky, ani holúbky, potom musí ako obetný dar ponúknuť

Bohu desatinu éfy (čo je približne 22 litrov alebo 5 galónov) jemnej múky. Obeta za hriech má byť vykonaná obetovaním zvieraťa, keďže ide o obetu odpustenia. Ale Boh v jeho milosrdenstve dovolil chudobným ľuďom, ktorí neboli schopní obetovať mu zviera, obetovať namiesto neho múku, aby mohli získať odpustenie ich hriechov.

Je rozdiel medzi obetou za hriech prinášanou s múkou a pokrmovou obetou prinášanou s múkou. Zatiaľ čo olej a kadidlo boli pridávané k pokrmovej obete, aby mala príjemnú vôňu a vyzerala bohatšie, k obete za hriech nebol pridaný žiadny olej alebo kadidlo. Prečo je to tak? Zapálenie obety na zmierenie má rovnaký význam ako zapálenie hriechu človeka.

Skutočnosť, že k múke sa nepridáva žiadny olej alebo kadidlo duchovne hovorí o postoji, ktorý človek musí mať pri konaní pokánia pred príchodom pred Boha. 1 Kr 21, 27 nám hovorí, že keď kráľ Acháb konal pokánie pred Bohom, „roztrhol si šaty, navliekol si na holé telo vrecovinu, postil sa, spával vo vrecovine a správal sa skrúšene." Keď si človek roztrhne srdce v pokání, bude sa prirodzene správať dobre, bude sa sebaovládať a uponíži sa. Bude opatrný v tom, čo hovorí a v spôsobe, akým koná, a ukáže Bohu, že sa snaží viesť život zdržanlivosti.

4) Po zhrešení proti svätým veciam alebo spôsobení straty bratom v Kristovi

V Lev 5, 15 - 16 čítame:

„Ak sa niekto ťažko spreneverí tým, že sa neúmyselne prehreší proti svätým veciam Pána, nech za svoju vinu prinesie Pánovi bezchybného barana zo svojho stáda, ktorého cena sa stanoví v šekloch striebra podľa váhy šekla svätyne ako obeta za vinu. Za previnenie proti svätým veciam musí priniesť náhradu a pridá k nej pätinu. Odovzdá to kňazovi a kňaz obetovaním barana vykoná zaňho obetu za vinu a odpustí sa mu."

„Sväté veci Pánove" odkazujú na Božiu svätyňu alebo akúkoľvek časť v rámci Božej svätyne. Ani služobník, ani fyzická osoba, ktorá obetu priniesla, nemôže zobrať, používať alebo svojvoľne predať časti, ktoré boli určené Bohu, a preto sú považované za sväté. Navyše, veci, ktoré musíme považovať sa sväté, sú obmedzené nielen na „sväté veci", ale platí to aj pre celú svätyňu. Svätyňa je miesto, ktoré Boh posvätil, a ktorému dal jeho meno.

Žiadne svetské alebo nepravdivé slová nesmú byť vo svätyni vyslovené. Veriaci, ktorí sú rodičmi, musia učiť svoje deti dobre sa správať, nebehať a nehrať sa; nevydávať rozptyľujúce zvuky; neznečisťovať svätyňu, nerobiť neporiadok a nepoškodiť sväté veci vo svätyni.

Ak sú sväté Božie veci náhodou zničené, človek, ktorý ich zničil, ich musí nahradiť vecou, ktorá je lepšia, dokonalejšia a bezchybná. Navyše, náhrada nemá byť v množstve alebo hodnote poškodenej veci, ale je potrebné k nej ako obetu za previnenie pridať ešte „pätinu jej hodnoty". Boh to prikázal, aby nám pripomenul konať lepšie a v sebaovládaní. Kedykoľvek prídeme do styku so svätými vecami, musíme byť vždy opatrní a zdržanliví, aby sme predišli chybnému používaniu alebo poškodeniu vecí, ktoré patria Bohu. Ak niečo poškodíme kvôli našej nedbanlivosti, musíme konať pokánie z hĺbky srdca a poskytnúť náhradu väčšieho množstva alebo hodnoty, ako mali poškodené veci.

Lev 6, 2 - 5 nám hovorí o spôsoboch, ako môže človek dosiahnuť odpustenie hriechov, ak „odtají svojmu blížnemu nejakú vec, ktorú mu dal do úschovy, zveril, či odpredal, alebo ak oklame svojho blížneho" alebo „ak sa niečo stratí, on to nájde a odtají, pričom ešte aj falošne prisahá." To je spôsob, ako konať pokánie z previnení spáchaných predtým, ako človek uveril v Boha, konať pokánie a získať odpustenie po uvedomení si, že nevedome zobral majetok niekoho iného.

Na uzmierenie za takéto hriechy musí byť pôvodnému majiteľovi vrátená nielen konkrétna vec, ktorá bola vzatá, ale aj „pätina" hodnoty veci. „Pätina" nemusí nutne znamenať len to, že hodnota má byť určená číselne. Tiež to znamená, že keď človek koná skutky pokánia, musia pochádzať z hĺbky jeho srdca. Potom mu Boh odpustí jeho hriechy. Napríklad, sú prípady, kedy nie všetky previnenia z minulosti môžu byť individuálne spočítané a presne splatené. V takých prípadoch človek musí od tej chvíle usilovne preukazovať skutky pokánia. S peniazmi, ktoré zarobil v práci alebo v podnikaní, môže usilovne prispievať na Božie kráľovstvo alebo poskytnúť finančnú pomoc ľuďom v núdzi. Keď si nahromadí také skutky pokánia, Boh uvidí jeho srdce a odpustí mu jeho hriechy.

Prosím vás, majte na pamäti, že pokánie je najdôležitejšou

prísadou v obete za previnenie alebo za hriech. Boh si od nás neželá vykŕmené teľa, ale skrúšeného ducha (Ž 51, 17). Preto pri uctievaní Boha musíme konať pokánie z hriechu a zla z hĺbky nášho srdca a prinášať zodpovedajúce ovocie. Dúfam, že ponúkaním Bohu uctievania a obetných darov spôsobom, ktorý ho potešuje, a svojho života ako živú obetu, ktorú príjme, budete vždy chodiť uprostred jeho prekypujúcej lásky a požehnania.

Kapitola 8

Prinášajte svoje telo ako živú a svätú obetu

„Povzbudzujem vás teda, bratia, pre Božie milosrdenstvo, aby ste prinášali svoje telo ako živú, svätú, Bohu príjemnú obetu, ako svoju duchovnú službu Bohu."

Rim 12, 1

1. Šalamúnových tisíc spaľovaných obiet a požehnanie

Šalamún zasadol na trón, keď mal 20 rokov. Už od mladosti bol o viere učený prorokom Natanielom, miloval Boha a zachovával stanovy svojho otca, kráľa Dávida. Po zasadnutí na trón priniesol Bohu tisíc spaľovaných obiet. V žiadnom prípade nebolo prinesenie tisíc spaľovaných obiet ľahkou úlohou. V starozákonnej dobe bolo veľa obmedzení s ohľadom na miesto, čas, obsah obety a spôsoby, ktorým boli obety prinesené. Navyše, na rozdiel od obyčajných ľudí, kráľ Šalamún potreboval väčší priestor, pretože ho sprevádzalo veľa ľudí, a mal priniesť väčšie množstvo obetí. V 2 Krn 1, 2 – 3 je napísané: „Šalamún vyzval celý Izrael, tisícnikov, stotníkov, sudcov, všetky kniežatá z celého Izraela, rodinných predákov, a tak sa odobral s celým tým zhromaždením na výšinu v Gibeóne. Tam sa nachádzal Boží stan stretávania, ktorý zhotovil Mojžiš, Pánov služobník, na púšti." Šalamún išiel do Gibeónu, pretože tam bol Boží stan stretávania, ktorý na púšti postavil Mojžiš.

Šalamún prišiel s celým zhromaždením pred „Pánov bronzový oltár, ktorý stál pred stanom stretávania," a priniesol mu tisíc spaľovaných obiet. Ako už bolo vysvetlené skôr, spaľovaná obeta je obeta Bohu príjemnej vône vychádzajúcej zo spaľovaného zvieraťa, a keďže ponúka Bohu život, predstavuje úplnú obetu a oddanosť.

V tú noc sa zjavil Šalamúnovi vo sne Boh a povedal mu: „Žiadaj si, čo ti mám dať" (2 Krn 1, 7). Šalamún odpovedal:

„Môjmu otcovi Dávidovi si preukázal veľkú milosť a mňa si po ňom ustanovil za kráľa. Nech sa teda, Pán, Bože, splní tvoj prísľub, ktorý dostal môj otec Dávid. Ustanovil si ma predsa za kráľa nad ľudom, ktorého je toľko ako prachu na zemi. Daj mi teda múdrosť a poznanie, aby som mohol viesť tento ľud. Veď kto by inak mohol spravovať tento tvoj významný ľud?" (2 Krn 8 – 10)

Šalamún nežiadal o bohatstvo, majetok, česť, život nepriateľov alebo dlhý život. Požiadal iba o múdrosť a poznanie, ktorými by dobre viedol jeho ľud. Boh bol potešený Šalamúnovou odpoveďou a dal kráľovi nielen múdrosť a poznanie, o ktoré žiadal, ale aj bohatstvo, majetok a slávu, ktoré kráľ nežiadal.

Boh povedal Šalamúnovi: „Dostane sa ti múdrosti a poznania. Dám ti však i bohatstvo, poklady a slávu, akú nemali králi predošlí a nebudú mať ani tvoji nástupcovia" (v 12).

Keď ponúkame Bohu duchovnú službu uctievania spôsobom, ktorý mu je príjemný, na oplátku nás za to požehná, aby sa nám vo všetkom darilo, mali sme dobré zdravie a naša duša prospievala.

2. Od doby svätostánku po dobu chrámu

Po zjednotení kráľovstva a upevnenia stability tu bola jedna vec, ktorá trápila srdce kráľa Dávida, otca Šalamúna: Boží chrám ešte nebol postavený. Dávid bol zdesený, že Božia archa bola umiestnená v stane zo závesov, zatiaľ čo on prebýval v paláci z cédrového dreva, a rozhodol sa postaviť chrám. Ale Boh mu to nedovolil, pretože Dávid prelial v bitke veľa krvi, a preto nebol na postavenie svätého Božieho chrámu súci.

„Pán mi však vyčítal: „Prelial si veľa krvi a zviedol urputné boje. Nepostavíš dom môjmu menu, lebo si predo mnou prelial veľa krvi na zem."" (1 Krn 22, 8)

„Boh mi však povedal: „Ty nemôžeš postaviť dom môjmu menu, lebo si ako bojovník prelial krv."" (1 Krn 28, 3)

Aj keď kráľ Dávid nebol schopný splniť svoj sen o postavení chrámu, napriek tomu z vďačnosti poslúchal Božie slovo. Tiež pripravil zlato, striebro, bronz, drahé kamene a cédre, materiály potrebné na to, aby budúci kráľ, jeho syn Šalamún, mohol chrám postaviť.

Vo štvrtom roku na tróne Šalamún sľúbil splniť Božiu vôľu a postaviť chrám. Začal ho stavať na hore Moria v Jeruzaleme a dokončil ho po siedmich rokoch. Boží chrám bol dokončený štyristoosemdesiat rokov potom, čo Izraeliti opustili Egypt.

Šalamún nechal preniesť do chrámu archu svedectva (archu zmluvy) a všetky ostatné sväté veci. Keď kňazi priniesli do veľsvätyne archu svedectva, Božia sláva naplnila dom, „takže kňazi nemohli konať službu pre oblak. To Pánova sláva naplnila jeho dom" (1 Kr 8, 11). Tým sa skončila doba svätostánku a začala doba chrámu.

V modlitbe ponúknutia chrámu Bohu Šalamún prosil o odpustenie jeho ľudu, keď sa vo vrúcnej modlitbe obrátia smerom k chrámu aj potom, čo boli zasiahnutí utrpením v dôsledku ich hriechov.

„Počuj úpenlivé volanie svojho služobníka a svojho izraelského ľudu, keď sa budú modliť smerom k tomuto miestu. Vypočuj zo svojho nebeského sídla, a keď vypočuješ, odpusť!" (1 Kr 8, 30)

Keďže kráľ Šalamún dobre vedel, ako stavba chrámu potešila Boha a bola požehnaním, smelo prosil Boha za jeho ľud. Po vypočutí kráľovej modlitby Boh odpovedal:

„Vypočul som tvoju modlitbu a tvoju úpenlivú prosbu, ktorými si sa ku mne utiekal. Posvätil som tento dom, ktorý si postavil, aby tam trvalo prebývalo moje meno. Moje oči a moje srdce tam budú ustavične." (1 Kr 9, 3)

Preto, keď človek dnes uctieva Boha celým srdcom, mysľou a najväčšou úprimnosťou vo svätej svätyni, v ktorej prebýva Boh, Boh sa s ním stretne a odpovedá mu na túžby jeho srdca.

3. Telesné uctievanie & duchovné uctievanie

Z Biblie vieme, že existujú druhy uctievania, ktoré Boh neprijíma. V závislosti od srdca, s ktorým je uctievanie ponúkané, je tu duchovná služba uctievania, ktorú Boh prijíma, a telesná služba uctievania, ktorú Boh odmieta.

Adam a Eva boli v dôsledku ich neposlušnosti vyhnaní z raja Edenu. V Gn 4 čítame o ich dvoch synoch. Ich starší syn bol Kain a mladší syn bol Ábel. Keď dospeli, Kain a Ábel priniesli Bohu obetu. Kain bol farmárom a priniesol obetu z „poľných plodín" (v 3), zatiaľ čo Ábel ponúkol „prvorodené zo svojho stáda s tukom" (v 4). Boh potom „priaznivo zhliadol na Ábela a na jeho obetu, ale na Kaina a na jeho obetu tak nepohliadol" (v 4 - 5).

Prečo Boh neprijal Kainovu obetu? V Hebr 9, 22 nachádzame, že obeta prinášaná Bohu, musí byť krvavou obetou, ktorá podľa zákona duchovnej oblasti môže odpúšťať hriechy. Z tohto dôvodu boli v starozákonnej dobe ako obety ponúkané zvieratá ako býky alebo baránky, zatiaľ čo sa v novozákonnej dobe stal zmiernou obetou preliatím jeho krvi Ježiš, Baránok Boží.

Hebr 11, 4 nám hovorí: „Vo viere Ábel priniesol Bohu lepšiu

obetu ako Kain a ňou si získal svedectvo, že je spravodlivý, a Boh vydal o jeho daroch svedectvo; a ňou ešte aj ako mŕtvy hovorí." Inými slovami, Boh prijal Ábelovu obetu, pretože priniesol Bohu krvavú obetu podľa jeho vôle, ale odmietol Kainovu obetu, pretože nebola prinesená podľa jeho vôle.

V Lev 10, 1 - 2 čítame, že Nádab a Abíhu obetovali „Pánovi nedovolený oheň, aký im neprikázal" a boli následne spálení ohňom, ktorý „vyšľahol od Pána." V 1 Sam 13 tiež nájdeme, ako Boh opustil kráľa Šaula potom, čo kráľ spáchal hriech vykonania povinnosti proroka Samuela. Pred bojom s Filištíncami kráľ Šaul priniesol Bohu obetu, keď prorok Samuel neprišiel v určenom počte dní. Keď Samuel prišiel potom, čo Šaul priniesol obetu, Šaul sa vyhováral pred prorokom slovami, že neochotne urobil to, čo urobil, pretože ľudia od neho odchádzali. Samuel Šaulovi vyčítal: „Bolo to od teba nerozvážne," a kráľovi povedal, že Boh ho opustil.

V Mal 1, 6 - 10 Boh karhá deti Izraela za to, že nepriniesli Bohu to najlepšie, čo mohli, ale ponúkli mu to, čo bolo pre nich neužitočné. Boh dodáva, že nepríjme druh uctievania, ktoré síce spĺňa náboženskú formalitu, ale chýba tam srdce ľudí. V dnešnom slova zmysle to znamená, že Boh neprijíma telesnú službu uctievania.

Jn 4, 23 - 24 nám hovorí, že Boh s radosťou prijíma pravú službu uctievania, ktorú mu ľudia prinášajú v duchu a pravde, a žehná ľuďom dosiahnuť spravodlivosť, milosrdenstvo a vernosť. Z Mt 15, 7 - 9 a 23, 13 - 18 sa dozvedáme, že Ježiš pohrozil farizejom a zákonníkom jeho doby, ktorí prísne dodržiavali tradície otcov, ale ktorých srdce neuctievalo Boha v pravde. Boh neprijíma uctievanie, ktoré človek ponúka svojvoľným spôsobom. Uctievanie musí byť ponúknuté v súlade s princípmi, ktoré Boh ustanovil. To je to, ako sa kresťanstvo úplne líši od iných náboženstiev, ktorých stúpenci vytvárajú uctievanie na uspokojenie ich potrieb a ponúkajú uctievanie spôsobom, ktorý ich potešuje. Na jednej strane, telesná služba uctievania je bezvýznamná služba uctievania, v ktorej človek len prichádza do svätyne a podieľa sa na službe. Na druhej strane, pravá služba uctievania je skutok adorácie z hĺbky srdca Božích detí, ktoré milujú ich nebeského Otca, a ich účasti na službe uctievania v duchu a pravde. A teda, aj keď dvaja ľudia ponúknu uctievanie v rovnakej dobe a na rovnakom mieste, v závislosti od srdca každého z nich Boh môže prijať uctievanie jedného človeka, a zároveň odmietnuť uctievanie druhého človeka. Aj keď ľudia prídu do svätyne a uctievajú Boha, bude to zbytočné, keď Boh povie: „Neprijal som tvoje uctievanie."

4. Prinášajte svoje telo ako živú a svätú obetu

Ak je zmyslom našej existencie velebenie Boha, potom uctievanie musí byť stredobodom nášho života a my musíme každý okamih prežívať v uctievaní Boha. Živá a svätá obeta, ktorú Boh prijíma, uctievanie v duchu a pravde, nie je naplnené navštevovaním nedeľnej služby raz týždenne, zatiaľ čo od pondelka do soboty vedieme život nasledovaním vlastných praní a túžob. Boli sme povolaní uctievať Boha všade a na všetkých miestach.

Ísť do kostola uctievať je rozšírenie života uctievania. Keďže každé uctievanie, ktorý je oddelené od života človeka, nie je pravým uctievaním, život veriaceho ako celok musí byť životom pravej služby uctievania ponúkanej Bohu. Nemáme ponúkať len krásnu službu uctievania vo svätyni v súlade s príslušnými postupmi a významom, ale tiež musíme viesť svätý a čistý život tým, že budeme v našich každodenných životoch poslušní všetkým Božím zákonom.

Rim 12, 1 nám hovorí: „Povzbudzujem vás teda, bratia, pre Božie milosrdenstvo, aby ste prinášali svoje telo ako živú, svätú, Bohu príjemnú obetu, ako svoju duchovnú službu Bohu." Rovnako ako Ježiš zachránil celé ľudstvo tým, že ponúkol jeho telo ako obetu, Boh chce, aby sme aj my prinášali naše telá ako živé a sväté obety.

Okrem viditeľnej budovy chrámu, keďže v našich srdciach prebýva Duch Svätý, ktorý je jedno s Bohom, aj každý z nás sa stal Božím chrámom (1 Kor 6, 19 - 20). Každý deň sa musíme obnoviť v pravde a uchovávať sa svätí. Ak naše srdce oplýva

Slovom, modlitbou a chválou, a keď všetko v našich životoch konáme so srdcom uctievania Boha, znamená to, že prinášame naše telo ako živú a svätú obetu, ktorá Boha potešuje.

Predtým, ako som stretol Boha, trpel som mnohými chorobami. Mnoho dní som strávil v beznádejnom zúfalstve. Po siedmich rokoch strávených na lôžku som mal obrovský dlh z nemocnice a nákladov na lieky. Bol som chudobný. Ale všetko sa zmenilo, keď som stretol Boha. Ihneď ma uzdravil zo všetkých mojich chorôb a začal som žiť nový život.

Premožený jeho milosťou som začal nadovšetko milovať Boha. V deň Pána som vstal už za svitania, okúpal som sa a obliekol si čerstvo vypraté spodné prádlo. Aj keď som mal na sebe v sobotu na chvíľu pár ponožiek, nikdy som ten istý pár nevzal na druhý deň do kostola. Tiež som si obliekol to najčistejšie a najúhľadnejšie oblečenie.

To neznamená, že veriaci musia navonok kráčať s módou, keď idú uctievať. Ak veriaci skutočne verí v Boha a miluje ho, je pre neho prirodzené, že sa pred príchodom pred Boha pripraví najlepšie, ako vie, aby ho oslávil. Aj keď okolnosti človeku nedovolia určité oblečenie, každý človek si môže pripraviť oblečenie a vzhľad podľa jeho najlepších možností.

Vždy som sa uistil, aby boli moje desiatky novými bankovkami; keď som narazil na nové, čisté bankovky, odložil som ich bokom na desiatky. Dokonca ani v prípade núdze som sa nedotkol peňazí, ktoré som mal vyhradené na desiatky. Vieme, že aj keď boli v starozákonnej dobe rôzne úrovne v závislosti od okolností každého človeka, každý veriaci pripravil pred príchodom pred kňaza obetný dar. Boh nás o tom otvorene učí v Ex 34, 20: „Nech sa nikto neukáže predo mnou s prázdnymi rukami."

Keďže som bol obrodenec, vždy som sa uistil, že mám pripravenú veľkú alebo malú obetu na každú službu uctievania. Aj napriek tomu, že splácanie úrokov z dlhu mohlo byť sotva pokryté príjmom, ktorý mala moja žena a ja, ani raz sme nedali s nechuťou alebo s ľútosťou. Ako by sme mohli ľutovať, keď naša obeta slúžila na spásu duší a Božie kráľovstvo a naplnenie jeho spravodlivosti?

Keď Boh uvidel našu oddanosť, v čase jeho výberu nás požehnal splatiť obrovský dlh. Začal som sa modliť k Bohu, aby zo mňa urobil dobrého staršieho, ktorý by mohol poskytovať finančnú pomoc chudobným a staral sa o siroty, vdovy a chorých. Ale Boh ma nečakane povolal stať sa služobníkom a viedol ma k založeniu obrovskej cirkvi, ktorá zachraňuje nespočetné množstvo duší. Aj keď som sa nestal starším, som schopný pomáhať veľkému počtu ľudí a dostal som Božiu moc, ktorou môžem uzdravovať chorých, z ktorých oba sú oveľa viac než to, za čo som sa kedysi modlil.

5. „Až kým vo vás nebude stvárnený Kristus"

Rovnako ako sa rodičia ochotne namáhajú až do krajnosti v starostlivosti o ich deti po tom, čo ich porodili, pri starostlivosti o každú dušu a jej vedení k pravde je nutná veľká námaha, vytrvalosť a obeta. O tomto apoštol Pavol vyznáva v Gal 4, 19: „Deti moje, znova pre vás trpím pôrodné bolesti, kým vo vás nebude stvárnený Kristus."

Ako poznám srdce Boha, ktorý jednu dušu považuje za vzácnejšiu ako všetko vo vesmíre a túži, aby všetci ľudia získali spásu, tiež vynakladám všetko úsilie, aby som viedol aspoň jednu dušu na cestu spásy a do Nového Jeruzalema. V snahe, aby miera viery členov cirkvi bola „mierou dospelosti, ktorou je plnosť Krista (Ef 4, 13), modlím sa a pripravujem posolstvá v každom okamihu a pri každej príležitosti, ktorú mám. Aj keď sú chvíle, kedy by som si veľmi rád posedel spolu s členmi cirkvi pri radostných rozhovoroch, ako pastier som zodpovedný za vedenie mojho stáda na správnu cestu, preto sa vo všetkom snažím o sebakontrolu a vykonávanie Bohom daných povinností.

Pre každého veriaceho mám dve želania. Po prvé, veľmi by som chcel, aby mnohí veriaci nielen získali spasenie, ale zároveň prebývali v Novom Jeruzaleme, najslávnejšom mieste v nebi. Po druhé, veľmi by som chcel, aby sa všetci veriaci vymanili z chudoby a viedli prosperujúci život. Vzhľadom k tomu, že cirkev prechádza oživením a rastie vo veľkosti, zvyšuje sa počet ľudí, ktorým je poskytovaná finančná pomoc a uzdravenie. Vo svetskom slova zmysle nie je ľahkou úlohou uvedomiť si potreby každého člena cirkvi a podľa toho konať.

Najvačšiu záťaž cítim vtedy, keď veriaci páchajú hriechy. Je to preto, že viem, že keď veriaci spácha hriechy, zistí, že sa vzdialil od Nového Jeruzalema. V extrémnych prípadoch môže dokonca zistiť, že už nemôže byť spasený. Veriaci môže získať odpovede a duchovné alebo fyzické uzdravenie až po zničení múru hriechu medzi ním a Bohom. Držiac sa Boha v mene veriacich, ktorí zhrešili, nebol som schopný spať, mal som kŕče, ronil slzy a stratil energiu nevýslovnej veľkosti a nahromadil nespočetné množstvo hodín a dni pôstu a modlitieb.

Boh prijal tieto obety nespočetne veľakrát a preukázal jeho milosrdenstvo ľuďom, a to aj takým, ktorí predtým neboli hodní spásy, dal im ducha pokánia, aby mohli konať pokánie a získali spásu. Boh tiež doširoka roztvoril dvere spásy, aby mohlo nespočetné množstvo ľudí na celom svete prísť a počuť evanjelium svätosti a zažiť prejavy jeho moci.

Kedykoľvek vidím mnoho veriacich krásne rásť v pravde, je to pre mňa ako pastora najväčšia odmena. Rovnakým spôsobom, akým nevinný Pán ponúkol sám seba Bohu ako obetu príjemnej vône (Ef 5, 2), aj ja pochodujem vpred ponúkaním každého aspektu môjho života ako živú a svätú obetu Bohu pre jeho kráľovstvo a duše.

Keď si deti uctia rodičov v Deň matiek alebo Deň otcov („Deň rodičov" v Kórei) a prejavia vďačnosť, rodičia nemôžu byť šťastnejší. Aj keď tieto prejavy vďačnosti nemusia byť podľa predstáv rodičov, rodičia sú potešení, pretože tieto prejavy pochádzajú od ich detí. Rovnakým spôsobom, keď Bohu jeho deti ponúkajú uctievanie, ktoré pripravili s najväčšou mierou úsilia v ich láske k nebeskému Otcovi, je potešený a žehná ich.

Samozrejme, že žiadny veriaci by nemal žiť počas týždňa svojvoľne a prejaviť svoju oddanosť len v nedeľu! Ako nám hovorí Ježiš v Lk 10, 27, každý veriaci musí milovať Boha celým svojím srdcom, dušou, silou a mysľou, a každý deň počas jeho života ponúkať sám seba ako živú a svätú obetu. Nech sa každý čitateľ v hojnosti teší zo všetkého požehnania, ktoré pre neho Boh pripravil, uctievaním Boha v duchu a pravde a ponúkaním mu príjemnej vône jeho srdca.

Autor
Dr. Jaerock Lee

Dr Jaerock Lee sa narodil v roku 1943 v Muane v Jeonnamskej provincii v Kórejskej republike. V jeho dvadsiatich rokoch sedem rokov trpel mnohými nevyliečiteľnými chorobami a bez nádeje na uzdravenie čakal na smrť. Jedného dňa na jar v roku 1974 ho sestra vzala do kostola, a keď pokľakol k modlitbe, živý Boh ho ihneď uzdravil zo všetkých chorôb.

Odkedy Dr Lee stretol živého Boha prostredníctvom tejto úžasnej skúsenosti, celým svojím srdcom úprimne miluje Boha. V roku 1978 bol povolaný, aby sa stal Božím služobníkom. Vrúcne sa modlil, aby mohol jasne pochopiť Božiu vôľu, úplne ju splniť a dodržiavať celé Božie slovo. V roku 1982 založil Manminskú centrálnu cirkev v Soule v Kórei. V jeho cirkvi sa uskutočňuje nespočetné množstvo Božích skutkov, vrátane zázračných uzdravení a zázrakov.

V roku 1986 bol Dr Lee vysvätený za pastora na výročnom zhromaždení Ježišovej Sungkyulskej cirkvi v Kórei a o štyri roky neskôr, v roku 1990, začali vysielať jeho kázne v Austrálii, v Rusku, na Filipínach a v mnohých ďalších krajinách prostredníctvom rozhlasových staníc Far East Broadcasting Company, Asia Broadcast Station a Washington Christian Radio System.

O tri roky neskôr, v roku 1993, bola Manminská centrálna cirkev vybraná kresťanským časopisom Christian World (USA) za jednu z „50 najlepších svetových cirkví" a z univerzity Christian Faith College na Floride v USA dostal Dr. Lee čestný doktorát bohoslovia. V roku 1996 na teologickom seminári Kingsway Theological Seminary in Iowa v USA dosiahol PhD. v Službe.

Od roku 1993 Dr Lee vedie svetovú evanjelizáciu prostredníctvom mnohých zahraničných misií do Tanzánie, Argentíny, Baltimore City, Los Angeles, na Hawaj, do New Yorku v USA, Ugandy, Japonska, Pakistanu, Kene, na Filipíny, Hondurasu, do Indie, Ruska, Nemecka, Peru, Demokratickej republiky Kongo, Izraela a do Estónska.

V roku 2002 bol hlavnými kresťanskými novinami Christian newspapers v Kórei nazvaný „celosvetovým pastorom" kvôli jeho práci na rôznych zámorských misiách. Zvlášť jeho misia do New Yorku v roku 2006, ktorá sa konala na námestí Madison Square Garden, najväčšej svetoznámej aréne, bola vysielaná 220 národom, a jeho misia do Izraela v roku 2009, ktorá sa konala v Medzinárodnom kongresovom centre (ICC) v Jeruzaleme, kedy smelo vyhlásil, že Ježiš Kristus je Mesiáš a Spasiteľ.

Jeho kázne sú vysielané do 176 krajín pomocou satelitov, vrátane GCN TV. V roku 2009 a 2010 bol populárnym ruským kresťanským časopisom In Victory a spravodajskou agentúrou Christian Telegraph zaradený medzi „desiatich najvplyvnejších kresťanských vodcov" pre jeho presvedčujúcu cirkevnú službu prostredníctvom televízneho vysielania a jeho cirkevné pôsobenie v zahraničí.

Od mája 2013 má Manminská centrálna cirkev kongregáciu s viac ako 120 000 členmi. Má 10 000 filiálok po celom svete, vrátane 56 domácich filiálok a viac ako 129 misionárov bolo poslaných do 23 krajín, vrátane Spojených štátov amerických, Ruska, Nemecka, Kanady, Japonska, Číny, Francúzska, Indie, Kene a mnoho ďalších krajín.

K dátumu tohto uverejnenia je Dr. Lee autorom 85 kníh, vrátane bestsellerov Ochutnať večný život pred smrťou, Môj život Moja Viera I & II, Posolstvo kríža, Miera viery, Nebo I & II, Peklo, Prebuď sa, Izrael! a Božia moc. Jeho diela sú preložené do viac ako 75 jazykov.

Jeho kresťanský stĺpec je vydávaný v časopisoch The Hankook Ilbo, The JoongAng Daily, The Chosun Ilbo, The Dong-A Ilbo, The Munhwa Ilbo, The Seoul Shinmun, The Kyunghyang Shinmun, The Korea Economic Daily, The Korea Herald, The Shisa News a The Christian Press.

Dr Lee je v súčasnej dobe vedúcou osobnosťou mnohých misijných organizácií a združení: Pozície, ktoré zastáva sú: predseda spoločnosti The United Holiness Church of Jesus Christ; prezident spoločnosti Manmin World Mission; permanentný prezident spoločnosti The World Christianity Revival Mission Association; zakladateľ & predseda komisie spoločnosti Global Christian Network (GCN); zakladateľ & predseda komisie spoločnosti World Christian Doctors Network (WCDN); a zakladateľ & predseda komisie spoločnosti Manmin International Seminary (MIS).

Ďalšie silné knihy od rovnakého autora

Nebo I & II

Podrobný nákres nádherného životného prostredia, z ktorého sa tešia nebeskí príslušníci a krásny popis rôznych úrovní nebeského kráľovstva.

Posolstvo kríža

Úžasné posolstvo prebudenia pre všetkých ľudí, ktorí sú duchovne spiaci! V tejto knihe nájdete dôvod, prečo je Ježiš jediný Spasiteľ a naozajstnú lásku Boha.

Peklo

Úprimné posolstvo Boha celému ľudstvu, ktorý chce, aby ani jedna duša nepadla do hlbín pekla! Objavíte nikdy predtým neodhalený opis krutej reality Dolného podsvetia a pekla.

Duch, Duša a Telo I & II

Sprievodca, ktorý nám dáva duchovné porozumenie ducha, duše a tela a pomáha nám zistiť druh nášho „ja", aby sme mohli získať moc poraziť temnotu a stať sa duchovným človekom.

Miera Viery

Čo je to za príbytok, vence a odmeny, ktoré sú pre vás pripravené v nebi? Táto kniha poskytuje múdre pokyny pre vás o tom, ako merať vieru a dosiahnuť tú najlepšiu a najzrelšiu vieru.

Prebuď sa, Izrael

Prečo Boh dohliadal na Izrael od začiatku sveta až dodnes? Aká Božia prozreteľnosť bola pripravená na posledné dni pre Izrael, ktorý čaká na Mesiáša?

Môj Život Moja Viera I & II

Najvoňavejšia duchovná vôňa získaná zo života, ktorý kvitol s neporovnateľnou láskou k Bohu, uprostred temných vĺn, studeného jarma a najhlbšieho zúfalstva.

Božia moc

Musíte si prečítať túto knihu, ktorá slúži ako základný sprievodca na získanie pravej viery a okúsenie úžasnej Božej moci.

www.urimbooks.com

www.ingramcontent.com/pod-product-compliance
Lightning Source LLC
LaVergne TN
LVHW021827060526
838201LV00058B/3535